¿Existe alguna relación entre el perdón y el cáncer? Basándose en sus años de experiencia trabajando con pacientes de cáncer, el Dr. Barry busca responder esta importante pregunta. Sus conclusiones se basan en una investigación convincente, y han demostrado ser beneficiosas para sus pacientes y para otros en general. Este libro suscita un debate acerca del perdón a un nivel nuevo y más elevado. Recomiendo *El proyecto perdón* a cualquier persona que esté luchando con la necesidad de perdonar.

Harold G. Koenig, Doctor en Medicina
Profesor de Psiquiatría y Ciencias del comportamiento
Profesor asociado de Medicina
Director del Centro para la espiritualidad, la teología y la salud
Centro médico de la Universidad de Duke
Durham, Carolina del Norte

EL PROYECTO PERDÓN

EL PROYECTO PERDÓN

✝

El sorprendente descubrimiento que nos revela cómo superar el cáncer, encontrar la salud y vivir en paz

MICHAEL S. BARRY

EDITORIAL
PORTAVOZ

La misión de *Editorial Portavoz* consiste en proporcionar productos de calidad —con integridad y excelencia—, desde una perspectiva bíblica y confiable, que animen a las personas a conocer y servir a Jesucristo.

Título del original: *The Forgiveness Project: The Startling Discovery of How to Overcome Cancer, Find Health, and Achieve Peace* © 2011 por Michael S. Barry y publicado por Kregel Publications, una división de Kregel, Inc., P.O. Box 2607, Grand Rapids, MI 49501. Traducido con permiso.

Edición en castellano: *El proyecto perdón* © 2011 por Editorial Portavoz, filial de Kregel Publications, Grand Rapids, Michigan 49501. Todos los derechos reservados.

Traducción: Rosa Pugliese

Ni el autor ni la editorial tienen intención alguna de prestar servicios médicos o psicológicos, ni este libro pretende ser una guía para el diagnóstico o el tratamiento de problemas médicos o psicológicos. Si el lector necesita asistencia médica, psicológica o de algún otro experto en la materia, por favor, sírvase buscar los servicios de su propio médico o consejero certificado.

Este libro no está respaldado por, ni afiliado a, *The Forgiveness Project*, una Fundación Benéfica de Reino Unido, con número 1103922.

Todas las regalías de este libro son donadas a *Assistance in Healthcare, Inc.*, una organización sin ánimo de lucro de Filadelfia, dedicada a suplir las necesidades económicas, no médicas, de los pacientes de cáncer y sus familias.

A menos que se indique lo contrario, todas las citas bíblicas han sido tomadas de la versión Reina-Valera © 1960 Sociedades Bíblicas en América Latina; © renovado 1988 Sociedades Bíblicas Unidas. Utilizado con permiso. Reina-Valera 1960™ es una marca registrada de la American Bible Society, y puede ser usada solamente bajo licencia.

EDITORIAL PORTAVOZ
P.O. Box 2607
Grand Rapids, Michigan 49501 USA
Visítenos en: www.portavoz.com

ISBN 978-0-8254-1232-5

2 3 4 5 / 15 14

Impreso en los Estados Unidos de América
Printed in the United States of America

A mis hermosas hijas,
Sara y su esposo, Jesse,
Becca y su esposo, Josh;
a mis encantadores nietos,
Lilly, Molly, Jack y Nolan;
y a mi siempre cariñosa
y comprensiva esposa,
Kay.

Recuerde Santiago 4:13-15.
Es solo una neblina.
De modo que pregúntese qué quiere el Señor,
y después hágalo.

Un libro debería traernos profunda aflicción y desconsuelo,
como la muerte del ser que más amamos...
Un libro debería ser un hacha,
que rompa el mar de hielo que llevamos dentro.
FRANZ KAFKA

CONTENIDO

9

AGRADECIMIENTOS

RICHARD J. STEPHENSON, fundador y presidente del Consejo de los Centros para el Tratamiento del Cáncer de Estados Unidos, es un visionario que ha dedicado su vida a la cura del cáncer. A aquellos que lo siguen les ha inculcado la creencia de que la sanidad y la esperanza requieren abordar las causas subyacentes del cáncer, incluso dar apoyo para el bienestar psicológico, espiritual y emocional del paciente. Quiero dar las gracias al Sr. Stephenson y a su equipo de trabajo, entre los que se incluyen Roger Cary, John McNeil, Kane Dawson y la recientemente incorporada Kristin Mullen, por su incentivo en la búsqueda de la investigación educativa sobre el perdón y el programa de desarrollo en los Centros para el Tratamiento del Cáncer de Estados Unidos. También quiero recordar a Mary Brown Stephenson, madre de Richard Stephenson, cuya memoria motiva e inspira a nuestra organización entera a ganar, cada día, la batalla contra el cáncer.

El reverendo Luis Cortés, presidente de *Esperanza*, la red evangélica hispana más grande de Estados Unidos, y miembro del consejo del Centro para el Tratamiento del Cáncer de Estados Unidos en Filadelfia, fue quien me alentó a escribir este libro. A decir verdad, él fue el catalizador que puso en marcha el proyecto de este libro. Dios pone personas especiales en nuestra vida, que sutilmente (y a

veces no tanto) influencian nuestras decisiones. Estoy muy agradecido de que Dios pusiera a Luis en mi vida. El libro que usted tiene
en sus manos tiene su origen en Luis y en su pasión de llevar las
buenas nuevas a todo el mundo.

Josh Bishop es uno de mis yernos, un hombre muy inteligente y
talentoso. Además de ser un padre maravilloso para mi nieto Jack,
y un esposo cariñoso para mi hija Becca, Josh me ha prestado una
enorme ayuda en este libro. En lo que se refiere a escribir, la regla
general es "primero escribirlo, y después escribirlo bien". De modo
que primero lo escribí, y después Josh lo escribió bien. Gracias,
Josh. Tú eres mejor esposo, padre y escritor de lo que pensaba, y
estoy orgulloso de haber tenido la oportunidad de trabajar contigo
en este libro.

Más importante aún, quisiera dar las gracias a mis enemigos,
tanto reales como imaginarios. No siempre estuvieron equivocados. No siempre tuvieron la razón. Pero Dios los usó para ense-
ñarme lo que ahora intento dar a conocer a otros: el poder sanador
del perdón. Les deseo lo mejor.

INTRODUCCIÓN
El cáncer y el odio

¿EXISTE ALGUNA RELACIÓN entre la insidiosa enfermedad del cáncer y la emoción del odio, tan siniestra y potencialmente mortal? Además de la fuerza semejante a la del cáncer que posee el odio, la cual destruye familias, vecindarios y ciudades y afecta a las relaciones geopolíticas alrededor del mundo, me he preguntado acerca de su incidencia a un nivel celular. ¿Nos afecta el odio y el enojo al nivel molecular, hasta el punto de dejarnos vulnerables ante la enfermedad; incluso ante una enfermedad como el cáncer? Este libro da una respuesta racional a esta pregunta y ofrece soluciones razonables. Además, nos permite ser testigos de la unidad que existe entre la medicina moderna y la sabiduría antigua, así como la sanidad del cuerpo, mente y espíritu que resulta de esta integración.

En el Centro para el Tratamiento del Cáncer de Estados Unidos en Filadelfia, el Departamento de Cuidado Pastoral desarrolla programas educativos sobre el perdón, para pacientes que reconocen tener fuertes sentimientos de enojo y odio, y la necesidad de perdonar a otros, perdonarse a sí mismos o, en ocasiones, perdonar a Dios. El programa sobre el perdón dura un mínimo de tres horas:

una hora en la oficina para estudiar el material, una hora de tareas para el hogar y, después de familiarizarse con el material, otra hora con el departamento para procesar la experiencia del paciente. Después de cuatro años de investigación que incluyeron incontables programas sobre el perdón desarrollados con muchos de nuestros pacientes, he llegado a la siguiente conclusión:

El estrés por la falta de perdón* tiene un efecto negativo sobre el sistema inmunológico. El perdón, por otro lado, tiene un efecto inmediato y saludable y un beneficio a largo plazo para el fortalecimiento del sistema inmunológico, y tiene un efecto positivo en el proceso de la sanidad.

Debido a las variables asociadas con la atención a la población de pacientes con cáncer, no contamos con la posibilidad de desarrollar una relación terapéutica a largo plazo con nuestros pacientes. Algunos regímenes de tratamientos duran un período de semanas, mientras que otros requieren solo una sesión de dos horas de quimioterapia, para la cual los pacientes entran y salen del hospital sin que ni siquiera nos enteremos de que han estado allí. Algunos vienen solo por una segunda opinión y deciden no recibir tratamiento en el hospital. Otros reciben tratamiento durante períodos más largos, y o bien se recuperan o pasan a un programa de cuidados terminales. Ésta es la naturaleza del cáncer, el tratamiento del cáncer y el ministerio con estas maravillosas personas.

Dado que solo tenemos la plena seguridad de que veremos a los pacientes durante su evaluación inicial de tres días, nuestro programa educativo intenta ser compacto, de modo que nos concentremos en lo que consideramos la esencia del perdón. Plantamos semillas y ocasionalmente tenemos la oportunidad de ver el fruto de nuestros esfuerzos.

---

* Para los propósitos de este libro, la expresión "falta de perdón" significa "incapacidad de o renuencia a perdonar". La expresión se usa comúnmente en las revistas científicas.

Este libro intenta dar a conocer lo que hacemos, y cómo y por qué lo hacemos, así como lo que hemos aprendido a lo largo del camino.

Los autores de *Forgiveness: Theory, Research, and Practice* [El perdón: Teoría, investigación y práctica] nos recuerdan que, en cuanto a la investigación del perdón se refiere, "una metodología en concreto no necesariamente abarca todas las preguntas y respuestas".[1] No solo existen varios métodos de medición para obtener información acerca del perdón, sino que la experiencia del perdón varía según cada caso. La intervención de Dios en la vida de las personas siempre está rodeada de misterio. A lo largo de los años, he sido testigo de unas cuantas sanidades milagrosas, tanto espirituales como físicas. Espero que mi propia experiencia de fenómenos extraordinarios (y mi atribución de ellos a Dios) no impida el inicio de una conversación seria acerca del poder sanador del perdón. La mayoría de los científicos, generalmente escépticos ante los fenómenos religiosos, probablemente clasificaría el poder del perdón casi de la misma manera que clasifica los fenómenos inexplicables y similares dentro del mundo del cáncer: como una *remisión espontánea* (como por ejemplo, la que ocurre cuando un tumor canceroso desaparece de repente). Sin embargo, Dios puede cambiar el corazón humano en un instante, si éste está dispuesto y Él así lo desea.

Muchos de mis colegas, que trabajan en la investigación del perdón, creen que "el perdón no es una solución simple; el desarrollo de cambios emocionales, cognitivos y conductuales positivos después de una ofensa requieren tiempo y esfuerzo".[2] Aunque puede llevar tiempo y esfuerzo, *el tiempo y el esfuerzo no son los ingredientes más importantes del perdón*. A veces, Dios hace cosas extraordinarias en muy poco tiempo y con muy poco esfuerzo, si el corazón de una persona tiene la disposición correcta: estar listo y dispuesto. Mi programa de perdón no puede hacer que el corazón de una persona esté listo o dispuesto, pero a menudo suceden cosas buenas cuando una persona se abre a la posibilidad de un cambio.

Las mejores partes de este libro son las historias relatadas por algunos de mis pacientes, que han encontrado paz a través del poder sanador del perdón en medio de la batalla contra el cáncer.

Espero que usted llegue a la conclusión de que si estas personas pudieron enfrentarse y perdonar a sus ofensores, usted puede enfrentarse y perdonar a los suyos también. De ser así, usted comenzará a tener una experiencia sin precedentes, que podría describirse mejor y más acertadamente como una *serena indiferencia.*

Aristóteles nos presenta este profundo concepto: "El mejor amigo es aquel que me desea el bien y lo desea por mi bien".[3] ¿Es posible llegar a tener tal condición emocional que nos permita desearles el bien a aquellos que nos han ofendido, en muchos casos gravemente? Las historias que usted leerá en este libro sugieren que sí.

El resto de este libro contiene información que les doy a conocer a mis pacientes al comienzo de su búsqueda de la sanidad personal mediante el perdón. Ha sido útil para ellos, y espero que lo sea para usted también.

Václav Havel, ex presidente de la República Checa, dijo una vez:

Hemos enfermado moralmente, porque nos hemos acostumbrado a decir una cosa y a hacer otra. Hemos aprendido a no creer en nada, a no preocuparnos por nuestros semejantes, sino solo por nosotros mismos. Los conceptos como el amor, la amistad, la compasión, la humildad y el perdón, han perdido su dimensión de profundidad.[4]

La premisa de este libro es que la *enfermedad moral* a menudo da lugar a un odio y a un enojo reprimidos, que origina una amplia gama de enfermedades, tanto físicas como sociales.

¿Cuál era la solución que propone el presidente Havel? "Solo una nueva visión espiritual —cósmica en sus dimensiones y global en su alcance— puede rescatar a la civilización".[5] En realidad, la nueva visión espiritual que Václav Havel pretendía es antigua. Con sus orígenes claramente enraizados en cada una de las religiones antiguas, el rescate de la civilización comienza y termina con el perdón.

Rev. Dr. Michael S. Barry
Filadelfia, Pensilvania

Capítulo 1

ENFRÍE SU FUEGO INTERIOR

De los siete pecados capitales, posiblemente la ira sea el más
divertido. Lamerse las heridas, volver a sentir el sabor de antiguos
agravios, paladear amargas confrontaciones posiblemente futuras,
saborear hasta el último bocado apetitoso del dolor que nos
han causado y que hemos causado... en muchos aspectos, es un
banquete digno de un rey. Pero el gran problema es que nos estamos
devorando a nosotros mismos. El plato principal de este gran
banquete somos nosotros.

FREDERICK BUECHNER, *BEYOND WORDS*
[MÁS ALLÁ DE LAS PALABRAS]

UNA HERIDA, COMO UNA lesión y un esguince en el tobillo, se inflama (se hincha) y se calienta, motivo por el cual le aplicamos una compresa de hielo. La infección, la exposición a toxinas y otros tipos de traumas también producen inflamación. Según el Instituto Nacional del Cáncer: "La inflamación crónica parece contribuir al crecimiento de tumores de distintos tipos de cáncer".[1] Además, "las personas que regularmente toman medicamentos antiinflamatorios (el ibuprofeno, entre otros) son menos vulnerables al cáncer que quienes no los toman".[2] Podría parecer que, en muchas situaciones, *si se puede controlar la inflamación, se puede controlar la enfermedad.*

Hielo para un tobillo hinchado. Antibióticos para una sinusitis. Sin embargo, ¿qué puede administrarse a un corazón herido, lastimado, enojado? Sugerimos enfriar el fuego interior con el perdón.

Lo mejor... *después*

Aunque este libro trata acerca del perdón y no acerca de la competencia al más alto nivel, ambas cosas tienen una meta similar. Lo que impulsa la competencia es el deseo de esforzarse y luchar, de arremeter contra cualquier cosa que nos obligue a conformarnos con el segundo lugar, cualquier cosa que pueda poner en peligro nuestros sueños, metas, ideales, salud o valores.

Este mismo deseo es el que impulsa el perdón.

Este libro se escribió para todos los que se niegan a permitir que el rencor, el odio o la venganza (el fuego interior) destruyan su vida. Es para cualquiera que decida caminar por la senda angosta reservada para la elite: los que se esfuerzan por ser mejores. Está dirigido a todos los que desean ser mejores personas: mejor atleta; mejor cristiano, hinduista, budista, musulmán o judío; mejor padre o amigo. Comprende todo lo que significa estar sano y plenamente vivo; todo lo que significa ser humano. Lo más importante es que aborda las necesidades vitales de todos los que desean ser mejores *después.*

Después de haber sido tratados injustamente.

Después de haber sido maltratados o heridos.

Después de haber sido difamados.

Después del fracaso matrimonial.

Después de sufrir a causa de la maldad y de la traición.

Después de haber sido víctimas de las malas acciones de un amigo o enemigo.

Después de haber sido torturados o traumatizados.

Después que un médico les robara sus esperanzas.

Si usted desea volver a tener una vida feliz y gozosa *después* de vivir este tipo de sucesos, debe seguir los pasos de esas personas excepcionales que se niegan a renunciar, que deciden recuperar la felicidad que el dolor les arrebató.

A estas alturas, la mayoría de las personas conoce la historia de Lance Armstrong: cómo combatió el cáncer testicular y cerebral que había hecho metástasis en sus pulmones. ¿Cómo lo logró? Con la combinación del mejor tratamiento médico y el simple deseo. En parte, sabemos algo de los atletas más exitosos, en particular qué los distingue de los demás: que más allá de sus fortalezas singulares, los campeones son personas normales que se enfrentan a los mismos altibajos motivacionales que nosotros. "Los mejores atletas pueden parecer una especie distinta al resto de nosotros, pero también representan lo que podemos llegar a lograr cada uno de nosotros", dice Jay Kimiecik, autor de *The Intrinsic Exerciser: Discovering the Joy of Exercise* [El ejercitador intrínseco: Cómo descubrir el gozo del ejercicio]. "Se fijan metas altas, y luego se esfuerzan, prueban y evalúan todo tipo de herramientas, técnicas y métodos para mantener la motivación".[3]

Los pacientes de elite no se conforman

Los atletas de elite parecen tener una cosa en común: un fuerte deseo de alcanzar la excelencia. Los pacientes de cáncer también tienen su propia categoría de elite. El Dr. Bernie Siegel, oncólogo, se refiere a ellos como *pacientes de cáncer excepcionales*.[4]

¿Se sorprendería si le dijera que los pacientes que es más probable que participen en el programa del perdón que ofrecemos, son en general personas bastante excepcionales? En otros aspectos son personas comunes que, por alguna razón personal, tienen la iniciativa, el deseo y la asidua capacidad de identificar una meta y alcanzarla. Estos pacientes exploran todas las oportunidades de encontrar la sanidad de su cuerpo. *Están dispuestos a luchar, porque no hay otra manera de ganar la competencia o conseguir lo que buscan contra todo mal pronóstico.*

Puede imaginar el valor que necesitan algunas personas para sentarse ante un desconocido (por ejemplo, un pastor como yo) y buscar la sanidad que solo el perdón puede ofrecer. ¡Es un triunfo del espíritu humano *intentar* sanar un pasado doloroso! Pero estos pocos valientes que, por sus propias razones y a su manera, logran más de lo esperado, que se esfuerzan, anhelan y luchan más allá de lo normal por una paz que alguna vez los eludió, han decidido batallar contra años de pasividad y de complacencia.

Al despojarse de la ira y el odio, estas personas excepcionales buscan recuperar el equilibrio, la entereza y el gozo en su vida mediante el perdón. Como nos recuerda la Biblia, y hacemos bien en recordar: "en una carrera todos los corredores compiten, pero sólo uno obtiene el premio[...] Corran, pues, de tal modo que lo obtengan".[5]

Este libro es diferente

Puedo entender que esté pensando: *Hay cientos de libros sobre el perdón; ¿qué tan diferente puede ser éste? He leído otros libros sobre el tema y no parecen haberme ayudado.* Créame, usted no está solo.

Este libro es diferente por tres motivos importantes. Hablaré más sobre cada uno de éstos en el transcurso de este capítulo y de todo el libro, pero comenzaré con una breve introducción.

En primer lugar, este libro intenta responder a la pregunta de si existe una relación entre el cáncer y la falta de perdón. Todos saben que la ira y el odio muchas veces destruyen familias, matrimonios y comunidades, pero ¿pueden estas emociones crueles tener consecuencias igualmente destructivas (incluso el cáncer) para nuestra salud física? Y, de ser así, ¿puede el perdón contribuir a la sanación de la enfermedad? Mi intención es demostrar que sí, que existe una relación entre el cáncer y la falta de perdón.

En segundo lugar, las investigaciones sugieren que "el perdón emocional puede lograrse mediante diversas intervenciones terapéuticas";[6] la mayoría de los libros que he leído sobre el tema ofrecen consejos basados en un número determinado de pasos (3, 4, 5, 10 o hasta 20). Pero yo no creo que funcione de esa manera. Según mi experiencia, algunas personas necesitan más pasos que otras (y otras necesitan menos); pero, por lo general, todo radica en una o dos claves que parecen eliminar la traba y permitir que la persona perdone. Este libro aborda el concepto de obtener *revelación* y no de seguir determinados *pasos*.

Finalmente, este libro apelará a aquellos que estén abiertos a explorar los misteriosos e impredecibles aspectos *espirituales* de la vida, donde la sanidad y la paz que experimentamos constituyen una dádiva de Dios. Nuestra sanidad es resultado de la predisposición a recuperar el equilibrio espiritual, físico y emocional de nuestra vida. Mi intención es demostrar que Dios obra dentro del corazón de aquella persona que está dispuesta a perdonar.

¿Es este libro solo para religiosos? No. Y si usted no es particularmente religioso, espero que mis extraordinarias experiencias religiosas no le impidan considerar mis conclusiones. Soy un teólogo serio, que está tan desconcertado por estas experiencias como cualquier otra persona. Pero éstas me han ayudado a formar mi conocimiento de Dios y han conformado mi experiencia del perdón.

Tenga la plena seguridad de que daré a conocer mis creencias espirituales siendo consciente del hecho de que, tal vez, usted no piense igual que yo. No intento convertir a nadie a mi fe. Pero en la medida en que acepte mis creencias cristianas, este libro podría serle de inspiración para comprender mejor el evangelio.

Sin lugar a dudas, el cristianismo no tiene la exclusiva del perdón. El dolor, el enojo y el sufrimiento innecesario no conocen límites y son comunes a personas de toda edad, raza y fe. Hay personas sin fe en Dios que pueden descubrir que es posible perdonar y, de hecho, perdonan; pero es justo decir que en todas las religiones que he estudiado, incluso la mía, se valora en gran manera el perdón, lo que sugiere que, para muchos, la experiencia del perdón es un viaje al propio corazón de Dios.

Los misterios del perdón

Misterio es una entre varias palabras que, según mi opinión, caracterizan el proceso del perdón.

Misterio: El viaje hacia el perdón suele incluir un encuentro con lo inesperado.

Deseo: ¿Por qué algunas personas desean perdonar y otras no?

Humildad: ¿Por qué a menudo nos resulta difícil ver nuestros propios defectos?

Búsqueda de la verdad: Solo la verdad puede liberarnos del enojo y del odio.

Milagro: Cada vez que un corazón endurecido por el odio se transforma en un corazón sensible, es un milagro.

Estas palabras no solo caracterizan la naturaleza del perdón, según mi entender, sino que caracterizan mi experiencia con Dios.

La primera de mis experiencias con Dios me enseñó que nuestra humanidad no consiste solo en nuestra existencia física; tenemos un alma que sigue viviendo después de la muerte. Creo que si "hay un cuerpo animal [físico], también hay un cuerpo espiritual".[7]

A los veinte años de edad, mucho antes de interesarme en las cosas de Dios, me caí de un flotador arrastrado por una lancha en un lago de Texas. La hélice golpeó mi brazo y mi mano izquierdos, lo cual me ocasionó unas heridas graves y una pérdida de sangre casi mortal. Mientras me trasladaban a un barco de la Cruz Roja, mi alma se desprendió de mi cuerpo y observé, de una manera imparcial, cómo distintos médicos intentaban detener la hemorragia; todo esto lo vi desde unos seis metros por encima de lo que ocurría en el barco.

Hace poco, en un almuerzo de confraternidad organizado tras una reunión de adoración en la Segunda Iglesia Bautista Calvary de Hopewell, New Jersey, el policía Eric J., del Departamento de Policía de la ciudad de Nueva York me contó su propia experiencia "fuera de su cuerpo". Una mañana fatídica, un automóvil chocó contra Eric, ahora ya retirado, que conducía una motocicleta de patrulla. El impacto lo arrojó unos dos metros hacia arriba, le destrozó la pierna derecha y le cortó la arteria femoral, lo cual le provocó una gran hemorragia.

Por la gracia de Dios, los médicos pudieron salvar la pierna de Eric y su vida; pero mientras esperaba el tratamiento médico, tuvo una experiencia similar a la mía. Según me dijo, el alma se le salió del cuerpo y observaba con mucha calma a aquellos que atendían a sus necesidades físicas. Le sorprendía sentirse tan tranquilo. Ni siquiera tenía miedo de morir. Todo lo que tenía en mente eran algunos asuntos pendientes: algunas personas a las que aún tenía que perdonar.

Eso me pareció fascinante. Al borde de la muerte, lo único que pensaba era en la falta de perdón que había en su corazón.

Mi experiencia de conversión no ocurrió hasta varios años después de mi accidente en lancha. Un jueves por la noche, a los veintinueve años de edad, después de sufrir una depresión durante cierto tiempo, me arrodillé en la sala de estar de mi casa y entregué mi vida a Jesucristo. El domingo siguiente, *escuché* un sermón por primera vez, a pesar de haber asistido a la iglesia regularmente durante años. Tras años de indiferencia, de repente la Biblia se convirtió en el libro más importante del mundo.

Sé que Dios existe y que puede hacer cosas extraordinarias en la vida de las personas, incluida la transformación de nuestro corazón. Lo sé porque Él transformó el mío. El perdón es la prueba del poder de Dios para cambiar el corazón humano.

Una voluta de humo

Una cosa es saber que Dios existe; otra totalmente distinta es conocer su voluntad. Otra experiencia misteriosa que tuve años después grabó esta lección en mi mente para siempre.

Un lunes por la mañana, estaba en mi oficina de la iglesia que pastoreaba en ese momento, conversando con Cindy, la secretaria de la iglesia, sobre lo sucedido durante el fin de semana cuando de repente apareció de la nada una pequeña voluta de humo inodoro.

Al principio lo vi por el rabillo del ojo, a unos sesenta centímetros de mi cara, tan cerca que pude verlo claramente cuando me volteé para mirar. El jirón de humo era de color blanco grisáceo, de unos veinte centímetros de largo por tres centímetros de ancho, y desapareció tan rápidamente como se había materializado. Cindy también lo vio, aunque describió sus dimensiones un poco más grandes. Está de más decir que ambos estábamos sobresaltados. Nos miramos el uno al otro, desconcertados, e inmediatamente comenzamos a buscar posibles fuentes del humo: velas, fósforos o cualquier otra llama que hubiera en mi oficina. No había nada. Usted podría pensar que quizá, por un instante, la luz de la ventana iluminó partículas de polvo; pero mi oficina tenía cortinas rojas de terciopelo grueso que estaban totalmente cerradas. Sencillamente, no había una explicación natural.

Tanto Cindy como yo sabíamos que era un suceso sobrenatural; Dios estaba haciendo algo por alguna razón. Pero ¿qué? No recibimos respuesta hasta varias semanas después, cuando Kay, mi esposa, encontró en la Biblia lo que llamamos "el significado de la neblina":

> "¡Vamos ahora! los que decís: Hoy y mañana iremos a tal ciudad, y estaremos allá un año, y traficaremos, y ganaremos; cuando no sabéis lo que será mañana. Porque ¿qué es vuestra vida? Ciertamente es neblina que se aparece por un poco de tiempo, y luego se desvanece. En lugar de lo cual deberíais decir: *Si el Señor quiere, viviremos y haremos esto o aquello*".[8]

Mediante este suceso extraño e inexplicable, Dios imprimió en mi corazón y en mi mente una verdad particular: *la vida es corta, como una neblina*, y lo único que debería preocuparnos es hacer la voluntad de Dios. Dado que todas las religiones valoran el perdón, parece que deberíamos encontrar un punto en común en la verdad de la voluntad de Dios acerca del perdón.

La justicia es importante, y es también la voluntad de Dios que reparemos agravios; pero sin el perdón, ¿en qué momento se detiene la violencia? ¿Qué impide a nuestro enojo transformarse en una venganza llena de odio y en enemistades, que fomentan ciclos de violencia que amenazan nuestra propia salud y la de incontables otras personas? Después de los atentados del 11 de setiembre de 2001, ¿qué hubiera pasado si nuestra nación hubiera iniciado un debate nacional sobre el significado del perdón a la luz de la tragedia? Creo que nos hubiéramos "horrorizado y escandalizado".

En lugar de eso, como nación, incluso la comunidad cristiana, tomamos la senda recorrida por mucho tiempo, con sus resultados predecibles. Si hubiéramos tomado la senda más noble del perdón, de todos modos hubiéramos buscado justicia para los culpables; pero quizás se habrían tomado mejores decisiones en el proceso. Yo me pregunto: después de los ataques al Pentágono y a las Torres Gemelas, ¿hemos buscado por encima de todo la voluntad de Dios, o la pasión por la venganza nos ha impedido tener una respuesta más fiel? ¿Hemos orado por nuestros enemigos? ¿Los hemos bendecido o maldecido?[9] ¿Qué incidencia tuvo la Palabra de Dios en el resultado de los sucesos, si es que tuvo alguna?

Que conste que no soy pacifista. El mal debe ser combatido. Pero nuestra mayor esperanza de conquistar el mal, según la Biblia, es "no con ejército, ni con fuerza, sino con mi Espíritu, ha dicho Jehová de los ejércitos".[10] Al mirar atrás, desearía que, por lo menos, se hubiera dado un debate nacional sobre el perdón, para que a la postre pudiéramos tener la seguridad de haber transitado por la senda más noble en la guerra contra el terrorismo. La vida es una neblina. Lo único que importa es hacer la voluntad de Dios.

¿Es realmente posible la sanidad?

La respuesta sencilla a esta pregunta sería citar Mateo 19:26: "para Dios todo es posible", y pedirle que lo crea por fe. Pero, según pienso, sería mucho más eficaz expresar lo que *sé* y no lo que *creo*; hablar de las sanidades milagrosas que he visto con mis propios ojos.

Soy presbiteriano y, por regla general, los presbiterianos no hablamos mucho sobre sanidades espectaculares. No pensamos mucho en la sanidad, y en la mayoría de los casos ni siquiera oramos para que suceda. De hecho, desconfiamos bastante de aquellos que lo hacen. Cuando los presbiterianos oran pidiendo sanidad, normalmente oran para que los médicos hagan bien su trabajo y que la sanidad sea el resultado de la capacidad que Dios les ha dado y la formación médica que han recibido, una dispensación especial de amor y gracia. Por lo general, no oramos para que Dios sane a una persona de manera extraordinaria.

Yo tampoco lo hacía... hasta que Dean me llamó. Estaba sentado en la oficina de la iglesia cuando sonó el teléfono.

—Mike, ¿podrías venir a mi casa a orar por mí? Acabo de volver del médico y recibí malas noticias.

Dean acababa de enterarse de que el entumecimiento que sentía en la pierna era a causa de un tumor en la columna vertebral.

—Con gusto iré y oraré por ti —le dije.

Recordé que tenía un pequeño frasco de aceite en un cajón de mi escritorio, aunque no lo había usado nunca, y me vino a la mente el versículo de Santiago que dice que debe ungirse a los enfermos en el nombre del Señor. De modo que llevé el frasco a la casa de Dean y le puse un poco de aceite en la frente mientras oraba y le pedía a Dios que sanara su cuerpo. La oración fue simple y corta, y regresé a la iglesia rápidamente.

Tres horas después, según Dean me contó, estaba viendo la televisión en su sillón cuando, de repente, sintió que lo envolvía una oleada de calor desde la cabeza hasta los pies, de arriba a abajo, durante diez minutos. Su fe le alcanzó para saber que Dios estaba haciendo *algo*, pero no estaba muy seguro de qué.

Cuando se disipó el calor, Dean se tocó las piernas y notó que el entumecimiento había desaparecido casi del todo. A la mañana siguiente, había desaparecido por completo. Tres días después, fue a hacerse una TRM [tomografía por resonancia magnética] y programar la intervención quirúrgica para que le extrajeran el tumor, y, para su sorpresa, descubrió que éste había desaparecido totalmente. Todo lo que encontraron fue una mancha del tamaño de un grano de pimienta.

Los científicos suelen referirse a estos sucesos como *remisiones espontáneas*. Dean lo llamó milagro.

Allen, un miembro de mi congregación en la zona de Chicago, también experimentó una remisión espontánea. Tenía una intervención programada para que le quitaran un tercio del estómago un miércoles por la mañana; pero lo mantuvo en reserva hasta el día antes de la cirugía. Después de nuestro estudio bíblico semanal del martes, oramos para que Allen se sanara, otra vez de acuerdo con Santiago 5:14, con una simple oración y unción con aceite. En un mensaje electrónico que recibí hace poco, Allen relata así la situación:

Los exámenes de colonoscopia y endoscopia, como también la radiografía, indicaban una úlcera estomacal. El tratamiento farmacológico no hizo ningún efecto sobre la úlcera, y una tomografía computarizada realizada en los últimos meses de 2002 demostró que era necesario extraer una parte (un tercio) del estómago para eliminar la posibilidad de un cáncer existente o futuro. La cirugía estaba programada para el 27 de diciembre. El pastor Barry y un anciano de la iglesia Hope, además de otras personas conocidas y desconocidas, oraron antes, durante y después de la operación, no solo por el paciente, sino también por la familia y los integrantes del equipo médico.

Dios respondió nuestras oraciones de dos maneras muy significativas. 1) Durante la cirugía se halló que la úlcera se había sanado completamente en algún momento posterior a la endoscopia más reciente; y 2) tanto la cirugía como la recuperación del paciente fueron muy exitosas. ¡Gracias a Dios![11]

El miércoles por la mañana, cuando los médicos operaron a Allen para extraer el tumor, se sorprendieron al descubrir que éste había desaparecido totalmente. Por razones inexplicables, *no estaba*. Hoy día, Allen sigue teniendo el estómago completo, gracias a la intervención poderosa de Dios en su vida.

El perdón en la mente de aquellos que se enfrentan a la muerte

Mi yerno, Josh, me contó una historia desgarradora sobre su tía Ruthie, y lo que pasaba por su mente y su corazón poco antes de morir de cáncer:

El 4 de marzo es el aniversario de la muerte de mi tía Ruthie. Invitamos a cenar a mi abuela el lunes, para que no tuviera que estar sola toda la semana. (Pienso que la semana anterior al 4 de marzo es una época del año de mucho sufrimiento para mi abuela).

No conozco a nadie que tuviera tanta fe como Ruthie, fe de que Dios podía sanarla y de que lo haría. Cuando fuimos a visitarla unos días antes de su muerte (y en ese momento, sinceramente, ya parecía muerta), nos preguntó a todos los que entramos a la habitación: "¿Creen que Jesucristo puede sanarme?". Si no hubiésemos respondido con un sincero: "Sí, por supuesto", nos hubiera pedido que nos fuéramos. Naturalmente, todos sabemos que Dios decidió no sanarla. Ahora hay dos niños preciosos sin su mamá. Y es difícil de aceptar, por no decir algo peor.

No mucho antes de su muerte, Ruthie habló por teléfono con uno de sus ex maridos. No estoy segura de si lo llamó *ella* o fue al revés, pero al final de la conversación, Ruthie le dijo: "Te perdono". Después colgó el teléfono, se volteó hacia mi mamá y, con una mirada arrepentida, dijo con sus labios demacrados y resecos: "Tal vez *ésta* era la clave".

Tal vez esa era la clave de su sanidad.

Cuatro días después entró en coma, y tres días después de eso, falleció. Tuvo una vida dura, con cuatro matrimonios, el primero de ellos a los dieciséis años con un hombre que la doblaba en edad, que después la maltrató durante gran parte de dos décadas. Dos hijos hermosos, cada uno con un padre diferente. Mucho que perdonar. Pero nunca se decidió a hacerlo, hasta que quedó postrada en una cama con cáncer; y ella sospechó que su falta de disposición a perdonar pudo haber contribuido a la enfermedad que le quitaría la vida.[12]

Ruthie no era la única que lo sospechaba. Este libro está lleno de historias de pacientes con cáncer que creen que su enfermedad está directamente relacionada con su falta de perdón y, a la inversa, que su salud está directamente relacionada con su buena disposición a perdonar.

Sin embargo, lo más importante es que este libro presenta datos científicos que indican que estas personas no están locas. Como verán, en la actualidad las significativas investigaciones que se han efectuado sobre la "biología del perdón" y sus beneficios para la salud son ampliamente reconocidas.

Además de Ruthie, las personas a las que conocerán en las siguientes páginas —Jayne, Russie, Cathy, Rich y Sharon— han vivido algo que ahora comprenden los investigadores, médicos y científicos: *el cáncer y la falta de perdón están relacionados*.

Revelación, no pasos

Ahora bien, ¡si tan solo pudiéramos aprender a perdonar!, ¿verdad? *Si en verdad existe un vínculo entre el cáncer y la falta de perdón,* como usted dice, *entonces sólo enséñeme a perdonar y terminemos con esto.* Firme sobre la línea de puntos, siga la ruta señalizada y encienda los motores a máxima potencia, amigo.

Pero no es tan fácil, ¿no es cierto? Si pudiéramos transitar exitosamente por la vida con una hoja de ruta de pasos simples para el éxito, todos moriríamos de viejos, felices, prósperos y amados.

Todos sabemos que la vida no funciona así.

No le voy a dar una serie de pasos que le enseñen a perdonar. En cambio, le ayudaré a descubrir algunas claves que le llevarán a perdonar. El proceso de obtener *revelación* en lugar de seguir *pasos* es algo que me gusta considerar como una *valoración* emocional o espiritual.

La valoración en el análisis químico requiere absoluta precisión en la medición. Por ejemplo, cuando dos átomos de hidrógeno se unen a un átomo de oxígeno, de pronto se crea una sustancia totalmente nueva: agua. El *proceso* de añadir la cantidad exacta de hidrógeno a la cantidad exacta de oxígeno se llama "valoración". El momento en que la combinación exacta de hidrógeno y oxígeno se convierte en agua se llama, técnicamente, *punto de equivalencia*.

El perdón conlleva un proceso en el cual cierta cantidad de información se agrega gradualmente a otra cantidad de información. En algún momento, alcanzamos un *punto de equivalencia emocional*; una liberación emocional, que a menudo se describe como "una sensación de ligereza".

Todos parecen tener un punto de equivalencia diferente. La "mezcla adecuada" de información varía de una persona a otra. Al final, quizás nunca sepamos cuáles de las diversas revelaciones que daré a conocer provocará la capacidad de perdonar. Sencillamente, no existe una manera de saber, de antemano, exactamente qué revelaciones se necesitan; así que le daré una amplia variedad de información, con la esperanza de que usted descubra lo que necesita saber y encuentre (o conozca) la verdad que lo haga libre.

Algunas personas necesitan una cucharadita de información; otros necesitan una taza o cuatro litros. Lo único seguro sobre el proceso de valoración es el resultado. Con el perdón, el resultado es un corazón que, de manera misteriosa y a menudo inesperada, se encuentra libre del enojo y del odio.

La falta de perdón es un cáncer espiritual para el alma humana. El perdón, que libera del enojo y del odio, a menudo se experimenta espontáneamente, y es nada menos que un milagro.

Una actitud de humildad

Aunque Dios puede sanar y sana a las personas milagrosamente, tanto física como espiritualmente, no deberíamos vivir esperando pasivamente que Dios nos alcance y nos toque. Hay cosas que podemos hacer (actitudes del corazón que podemos adoptar) que nos ayudarán a abrir nuestra vida al misterioso obrar de Dios, como el suelo que se ablanda y se fertiliza para recibir la semilla.

La primera de estas actitudes es la *humildad*. La vida me ha maltratado y, en más de una ocasión, me ha desgastado. Pero me ha maltratado mayormente en el buen sentido, y me ha desgastado como el muñeco de peluche favorito de un niño; la clase de desgaste que proviene de ayudar a otros y de intentar aliviar su sufrimiento. A lo largo del proceso, he aprendido algunas lecciones importantes, la clase de lecciones que solo se aprenden de la manera más difícil.

La mayor lección de humildad que he aprendido es que mis enemigos y adversarios no siempre están equivocados. Con los años, he aprendido a escuchar mejor; me he vuelto más abierto a tomar en serio los pensamientos, las ideas y los puntos de vista de los demás, especialmente de aquellos con los que estoy en desacuerdo. La sabiduría me ha enseñado que a menudo no existe ninguna relación entre cuán firmemente convencido estoy de una cosa y cuánta razón tengo. A decir verdad, puedo estar firmemente convencido de una cosa y estar completamente equivocado.

La segunda mayor lección de humildad que aprendí es que, por muy temibles que puedan ser mis enemigos y adversarios, yo mismo (como pasa con la mayoría de las personas) he sido mi peor enemigo. Mi ego puede ser tan fuerte que me cuesta aceptar que he cometido algún error. Tiendo a replantear rápidamente la situación para quedar del lado que más me favorezca, porque mi ego no tolera fácilmente la idea de haber cometido un "error de juicio", y mucho menos de haber hecho sufrir a otras personas. Como yo, la mayoría de las personas prefiere negar su culpa en cuanto a haberles hecho daño a otros o a sí mismos, y deciden, en cambio, restarle importancia o fingir que no ocurrió. Sin embargo, un encuentro con la verdad nos hace humildes por el hecho de que no tenemos a quien culpar, excepto a nosotros mismos, por las decisiones que hemos tomado. Por otra parte, una mentira nos hace caer a menudo en la trampa de la negación y de echar la culpa a otros.

El Alfarero logró lo que quería hacer con el barro de mi vida, y ha moldeado para sí un siervo que, tal vez, sea por fin un vaso digno de usar. Antes de creer en Jesucristo, casi no era consciente ni me preocupaba por mi conducta personal y su efecto sobre los demás. Sin embargo, con el tiempo Dios me ha abierto los ojos y me ha permitido conocerme mejor y ver con mayor exactitud mis debilidades y fortalezas.

Esta revelación me ha hecho humilde de dos maneras: en primer lugar, ahora veo que *no uso plenamente mis fortalezas* y, segundo, que *mis debilidades siguen estando ahí*. En resumen, soy un ser humano y he aprendido a aceptar la realidad ineludible de que gran parte de la vida tiene que ver con aceptar las limitaciones de mi humanidad y aceptar la responsabilidad por mi conducta, que es otra forma de decir que soy un pecador necesitado de la gracia.

En el proceso del perdón, *el primer paso se suele alcanzar de rodillas*, en humilde reconocimiento del simple hecho de que todo ser humano comete errores; todos somos autores y víctimas de daños.

Motivados para hacer todo bien

Además de la humildad, un corazón comprometido con el perdón debe estar *motivado*, comprometido a seguir con el proceso hasta el final. Pablo escribe en 2 Timoteo 4:7: "He peleado la buena batalla, he acabado la carrera, he guardado la fe". Estas son las palabras de una persona motivada.

Soy una persona extremadamente competente, y esto ha sido algo crónico durante toda mi vida. Solo Dios sabe por qué soy así; pero hay una larga lista de logros mayormente pequeños que obtuve por estar motivado a trabajar duro (y he recibido un buen entrenamiento en el proceso).

Algunos ejemplos: con un peso de 75 kg, me seleccionaron para formar parte del equipo de fútbol americano All-City de San Antonio, Texas (y, luego, para el equipo All-Century de mi escuela secundaria). Si hubiera jugado como corredor, tal vez esto no llamaría la atención; pero jugaba como guardia derecho, una posición que, en ese momento, solían ocupar jugadores de 90 kg. ¿Cómo lo logré? Es simple: trabajé y me esforcé más que los otros muchachos.

Cuando fui padre, no me conformaba con ser un buen padre. Tenía que llevarlo a otro nivel, o al menos intentarlo. Llegué a ser un instructor certificado en la formación de padres a través de *Active Parenting* [Padres activos de hoy], donde ofrecí formación a otros padres y entrenadores de lugares tan lejanos como Sudáfrica. Cuando me convertí, no me bastó con ser un cristiano espectador; por eso dejé una carrera lucrativa y entré en el seminario. Más tarde recibí un doctorado en el ministerio.

Es decir, todo lo que hacía, quería hacerlo bien. Muy bien.

Mi motivación para lograr el éxito (o lograr más de lo esperado, según fuera el caso) me ha obligado a salir de la complacencia y en ocasiones a entrar en el agotador universo de la *lucha*: la lucha contra "el mundo", la lucha para identificar y vencer los obstáculos de mis metas y, más que cualquier otra cosa, la lucha contra mi "lado oscuro", la parte de mi ser interior que susurra palabras como "No importa", "¡Renuncia!", "A nadie le importa", "¿Cuál es la diferencia?" o "¿Estás teniendo algún resultado?".

Mi lado oscuro, o pecador, quiere que crea que intentar ayudar a los demás a perdonar es una pérdida de tiempo; que, si después de dos mil años, el cristianismo no ha podido consolidar la importancia del perdón en la mente y el corazón de sus fieles, ¿qué me hace pensar que mis esfuerzos obtendrán un resultado que valga la pena?

La respuesta es breve y simple: no sé si será así. Sin embargo, como es de esperar, si mi fe cristiana me exige perdonar, entonces, al menos, debo estar dispuesto a intentarlo y a esforzarme si es necesario. Sé que ha dado resultado en la vida de muchos de mis pacientes y ya ha dado fruto en sus familias. Tal vez dé fruto en la vida de muchos otros también. Pero esto no ha ocurrido en la vida de mis pacientes sin esfuerzo.

¿Qué le está susurrando al oído su lado oscuro? Probablemente lo mismo que me susurra el mío. Pero estoy aquí para decirle lo siguiente: ¡Su vida es importante! ¡A Dios le importa! ¡No renuncie! Vale la pena vivir: ¡Vale la pena luchar! ¡Puede dejar atrás su pasado doloroso y encontrar sanidad mediante el perdón!

El Centro para el Tratamiento del Cáncer de Estados Unidos en Filadelfia es pionero en la integración de la educación sobre el perdón de una manera más amplia en nuestra cultura mediante un programa llamado *Release!* [¡Liberación!]. Tal vez pueda establecerse una nueva norma o crearse un nuevo punto de partida, que refleje un reconocimiento nuevo y mejor de la importancia que tiene la salud y el bienestar del alma de una persona en la búsqueda incesante de la paz personal y la sanidad física.

El perdón no es la norma en nuestra sociedad. Desde el punto de vista de una cultura cada vez más secularizada, cualquier intento serio de perdonar implica caminar por la senda menos transitada. En nuestra cultura violenta y llena de odio, en un extremo de la escala la venganza es la norma y, en el otro extremo, es la apatía; y ambos extremos derivan en problemas de salud en los ámbitos físico, mental y espiritual, y en conflictos en la familia, la comunidad y la cultura. La ola de amor, respeto y perdón sigue en retroceso. Si intentamos nadar contra la corriente, todos los demás pensarán que vamos en la dirección equivocada. Pero no es así. Vamos de camino hacia una vida abundante.

Aunque es posible que experimentemos una atrofia espiritual y emocional, podemos recuperar la fortaleza y el vigor de nuestra vida. Pero esto requiere esfuerzo. Para acentuar la importancia del esfuerzo, considere lo siguiente:

> Las personas que son capaces de perdonar sufren significativamente menos de depresión y tienen una tendencia significativamente menor al suicidio.[13]

> Se ha reconocido que la terapia del perdón es un método poderoso para romper ciclos de rencor, enojo y odio.[14]

La falta de perdón equivale a la asfixia emocional, y a menudo produce la sensación de que nuestra vida no vale la pena. El perdón debería ser la norma en nuestra cultura, y quizás algún día lo sea;

pero, hasta entonces, lo adoptarán principalmente los pocos motivados que anhelen con desesperación tener una vida plena, saludable y llena de paz.

Cinco piedras lisas

La Biblia nos cuenta la historia de un joven pastor llamado David, que debió enfrentarse a un gigante, un guerrero filisteo llamado Goliat. En el campo de batalla, Goliat tenía todo su equipo de combate, incluida una armadura y una lanza, mientras que David tenía solo su fe y una honda. Pero David no se dejó intimidar. Eligió cinco piedras lisas de un arroyo, y las puso en su saco pastoril. Después, honda en mano, se acercó al gigante.

El temible guerrero se burló de David, y le dijo: "¿Soy yo perro, para que vengas a mí con palos?".[15]

David respondió que venía con el poder de Dios, y que Dios entregaría al filisteo en su mano. Después, metió la mano en la bolsa y derribó al gigante con una sola piedra.[16]

He elegido las historias de cinco pacientes de cáncer para contárselas. Cada historia de perdón es única. Para una persona, la clave fue batallar con la idea de la *justicia*. Otra persona pudo perdonar *espontáneamente* a los que la habían lastimado. Una tercera persona tuvo un *sueño* en el que Dios la convenció de que debía perdonar, seguido por la decisión sincera de dejar atrás el odio. La cuarta persona se encontró atrapada por la incapacidad muy común de tener *afinidad* con las personas egoístas, moralmente enfermas y pecadoras. Y la quinta persona descubrió el valor de la *oración* y la importancia de *escuchar* a Dios.

Los cinco se enfrentaron a sus gigantes y los derribaron mediante el perdón. En ese sentido, sus historias representan las "cinco piedras lisas". Tal vez, alguna de sus historias lo inspire y le dé fuerzas para conquistar cualquier gigante al que se esté enfrentando, y lo ayude a afrontarlo y a perdonarlo.

Todas las personas cuyas historias está a punto de leer aman la vida y se han negado a permitir que nada interfiera con su salud y con su bienestar. No eligieron el camino del sufrimiento, sino que han podido superar sus dificultades cuando su enojo justificado se esfumó misteriosamente al perdonar.

Si necesita un programa de distintos pasos, hay cientos de otros libros que podrían ayudarlo. Si desea comprender el perdón y estudiar la posibilidad de perdonar, este libro quizás sea para usted.

Estrecha es la puerta, y angosto el camino que lleva a la vida, y pocos son los que la hallan.[17]

Las historias

*Recordar las heridas del pasado
bloquea la entrada de la esperanza
a nuestra vida.*

SAN JUAN DE LA CRUZ
MÍSTICO CARMELITA DEL SIGLO XVI

Capítulo 2

JAYNE

"Una sensación de ligereza"

*Todos dicen que el perdón es una idea maravillosa
hasta que tienen algo que perdonar.*

C. S. LEWIS, *MERO CRISTIANISMO*

ENTRE LOS MILAGROS más espectaculares que he presenciado, se encuentra el que experimentó Jayne Rager, que se describe en este capítulo. Ninguna historia plasma tan claramente los principios del perdón como la de esta mujer. Jayne es el prototipo de la persona que logra perdonar y vivir en libertad.

Después de enfermar de cáncer, aprendió a luchar con uñas y dientes para recuperar su salud. Buscó *todas* las ventajas *posibles* en su lucha contra el cáncer, incluso los beneficios del perdón que se enseñan en los Centros para el Tratamiento del Cáncer de Estados Unidos.

Hoy día, sigue una saludable dieta macrobiótica, hace gimnasia con regularidad y hasta hace ejercicios con una barra en la sala de estar de su casa. (¿Usted puede hacer flexiones de brazos colgado de una barra?) Jayne firmó un contrato con una editorial por un libro que está escribiendo, y se presentó en el programa *Dateline* de la cadena *NBC*, en el que se abordó su trágica experiencia en México. Aquí está su historia.

En junio de 2007, en una carretera rural poco transitada, aproximadamente a 1 km de su casa de San Miguel de Allende, en México, unos hombres armados rodearon y sacaron de su *jeep* a punta de pistola a Jayne Rager García Valseca y a su esposo, Eduardo, a quien, además, golpearon en la cabeza con un martillo. Jayne y Eduardo estaban heridos y asustados. Los delincuentes obligaron a la pareja a subir a otro vehículo, les ataron las muñecas y los tobillos con cinta adhesiva y les taparon la cabeza con fundas de almohadas.

El día no había empezado de esa forma, por supuesto. Faltaba muy poco tiempo para las vacaciones de verano y los Valseca y sus tres hijos esperaban ansiosos el receso escolar. La familia vivía en una finca, en las afueras de un pueblo donde Jayne y Eduardo habían fundado una escuela primaria sin ánimo de lucro para los niños del lugar, entre los que se encontraban sus hijos. Esa mañana habían dejado a sus hijos en la escuela, y en el corto trayecto de regreso a su casa, sus vidas cambiaron para siempre.

El viaje de Jayne (por lo menos en lo que concierne al tema de este libro) comienza aquí, en las profundidades de la tristeza y desesperación. Y no creo que arruine la historia si digo que el viaje la llevó a las alturas emocionales del perdón, que ella describe como una *sensación de ligereza*.

Sin duda, tenía mucho que perdonar. Unos veinte minutos después de su secuestro, la tiraron a un costado del camino sin otra compañía que una nota de pedido de rescate. "Tenemos a su marido", decía. Tuvieron secuestrado a su esposo durante casi ocho meses, un periodo que pasó en gran parte encerrado en una caja más pequeña que un armario, con espacio apenas suficiente para ponerse en pie y acostarse. Lo mantuvieron desnudo sobre un piso duro, frío y áspero, y lo torturaron día y noche con golpizas, luz cegadora y música fuerte. Le dispararon a corta distancia dos veces, una vez en el brazo y otra en la pierna. Y le fracturaron varias costillas.

Por su parte, Jayne pasó unas treinta largas semanas en el infierno. "Hubo momentos en los que pensé que no podía continuar" —dijo ella—. Los delincuentes le enviaban fotografías de su esposo para obligarla a pagar un rescate multimillonario en dólares, una cifra que no podía pagar aunque estuviera dispuesta a tratar con esos hombres atroces. Los captores de Eduardo lo obligaban a escribir notas y hacer llamadas telefónicas a punta de pistola. Durante toda aquella experiencia, Jayne dijo sentir "el odio más profundo hacia esas personas y lo que me estaban haciendo a mí y a mi familia".

Jayne se expresa así sobre sus pensamientos de venganza: "Esos pensamientos se convirtieron en fantasías sobre todas las maneras creativas de torturarlos, incluso de matarlos. Mi preferida era ser una samurái gigante que los decapitara a todos con un solo golpe de espada. Pensar en esas cosas me daba mucho placer".

No eran necesariamente los mejores pensamientos que una persona puede tener, pero, por supuesto, eran algo comprensible para una mujer en la situación espantosa que atravesaba Jayne.

Aunque se sentía indefensa frente a esos sentimientos y emociones, Jayne sabía que no le hacían nada de bien a su alma, especialmente porque ya había batallado contra el cáncer. A Jayne le habían diagnosticado cáncer inflamatorio de mama en 2005. Después de haberse sometido a un tratamiento convencional (junto con varias terapias holísticas), superó el cáncer, lozana y feliz de estar con vida.

El trauma emocional ocasionado por el secuestro amenazaba con cambiar todo eso.

—Era consciente del potencial negativo que podía tener el secuestro —dijo ella—. Busqué ayuda profesional, lo que fue muy reconfortante; pero el enojo, la ira y el resentimiento eran muy difíciles de manejar.

Jayne no se sorprendió demasiado cuando el cáncer de mama reapareció a principios de 2008. No estaba sorprendida, pero sí *desolada*. Casi no podía reaccionar.

¿Qué más me pueden quitar?, se preguntaba. *¿Por qué a mí? ¿Cómo puede pasarme todo esto?*

Sin embargo, eso tenía sentido cuando pensaba en toda la ira sin resolver que la había dominado durante tantos meses. Jayne se dio cuenta de que para curarse completamente (física, emocional y espiritualmente) tenía que cambiar de dirección. Su búsqueda de un método holístico para tratar el cáncer la llevó hasta el Centro Médico de la Región Este de Filadelfia, perteneciente a los Centros para el Tratamiento del Cáncer de Estados Unidos, y después a mi oficina, donde conversamos sobre el perdón.

Cuando conocí a Jayne, llevaba puesto su típico sombrero de vaquero, del tipo que se puede doblar fácilmente a un costado y darle forma puntiaguda para cubrir los ojos. Usaba un pañuelo rosa por debajo del sombrero para atenuar la vergüenza muy común que sentía por la caída de su cabello. Aunque era una mujer caucásica, su estadía en México le había dado un estilo hispano en su manera de vestir. Casi siempre podía mantener su belleza natural y, por lo general, mostraba esa actitud alegre, esperanzada y optimista que, según los expertos, es fundamental y es la señal característica de los que sobreviven al cáncer durante mucho tiempo. Aunque era optimista, no podía dejar de preocuparse, con razón, por su salud y por su futuro. Jayne quería vivir.

Para ese entonces, los captores habían liberado a Eduardo. A finales de enero, dos meses antes del segundo diagnóstico de cáncer de Jayne, ella había recuperado a su esposo, aunque cuando volvió estaba casi irreconocible. Había pasado de 72 a 41 kilos.

A pesar de las heridas y el estado físico considerablemente deteriorado, Eduardo estaba listo para volver a la vida, agradecido por cada aliento de libertad. Le parecía increíble poder ir al refrigerador y comer lo que quisiera, poder hablar con otros cuando quisiera, o incluso poder hablar. Estaba más que agradecido por todo lo que usted y yo damos por sentado. Por extraño que parezca, no parecía tener problemas en perdonar a sus captores. No estaba enojado. La felicidad de estar vivo, libre y en su casa con su familia eran más importantes que el odio, el enojo o la amargura.

En cambio, Jayne estaba todavía estancada en su deseo de venganza. Estaba enojada y odiaba a los secuestradores por lo que le habían hecho a su familia. Los odiaba con todo el corazón. Jayne se había endurecido tanto, que hacía meses que no lloraba. Por momentos temblaba sin control, pero no podía derramar ni una sola lágrima. Había subsistido ese tiempo alimentándose de adrenalina como un soldado en primera línea de batalla, temerosa de que si bajaba la guardia lo perdería todo. Su manera de procesar las cosas (o *no* procesarlas) era su modo de sobrevivir, y eso le daba resultado... pero causó estragos: ahora tenía cáncer de mama otra vez.

Mientras hablaba con Jayne durante nuestra primera reunión, era evidente que ella era consciente de su necesidad de perdonar, de dejar ir toda aquella emoción negativa que guardaba en su interior. Pero, como tantas personas, no sabía cómo hacerlo. Necesitaba recibir orientación para practicar el perdón en su vida de una manera nueva y permanente; una manera que, según esperaba, la ayudara en el camino hacia su sanidad y salud.

En resumen, necesitaba dejar atrás sus recuerdos dolorosos. Necesitaba hacer borrón y cuenta nueva.

Dejaré que Jayne cuente la siguiente parte de la historia:

En una de nuestras primeras reuniones, hablamos alrededor de una hora. El doctor Barry escuchó mi historia y fue compasivo; pero, para mi sorpresa, no demostró mucha conmiseración. No me malinterprete: no es que no tuviera conmiseración, pero ese no era su enfoque. Me había acostumbrado a que las personas lloraran, me abrazaran e hicieran eco de la injusticia que sentía cuando les contaba la historia. La reacción del doctor Barry fue muy distinta. No emitió ningún juicio. La conversación tuvo más que ver con su deseo de que yo encontrara la paz otra vez, para lo cual muchas veces es necesario aprender a compadecerse de los secuestradores. En determinado momento, llegó a sugerir que tal vez existía cierta arrogancia moral en lo que yo sentía. Bueno, eso era *lo último* que quería escuchar. Yo quería escuchar acerca de cuánta razón tenía de sentirme así, cuán equivocados estaban ellos y cuán despreciables eran, y que tarde o temprano habría algún tipo de justicia divina.[1]

Jayne no lograba comprender. Me contó que ya había intentado compadecerse de los hombres que le habían quitado tanto. Incluso había tratado de orar por ellos. En medio de su dolor, había tratado de perdonar, pero no había podido.

—¿Cómo es posible que yo pueda llegar a compadecerme de esas personas despreciables? —me preguntó—. Nos tendieron una emboscada, casi nos arrebatan la vida y la familia. Perdimos nuestra casa, nuestro negocio. Nos arruinaron económicamente. Tuvimos que huir del país y dejar atrás nuestras pertenencias, todo aquello para lo que habíamos trabajado durante diecisiete años y todo lo que habíamos construido como ciudadanos que cumplen con la ley. Me enfermé debido a los meses de estrés que viví, y mis hijos están traumatizados. ¿Cómo es *posible* que yo llegue a compadecerme de esas personas atroces que secuestran, destruyen familias y lastiman y matan a personas por dinero?

Nunca sugerí que la vida fuera justa o que fuera sencillo perdonar.

Le recordé a Jayne que, en determinadas circunstancias, cada uno de nosotros es capaz de cometer actos de gran maldad. Nadie está exento: ni Jayne, ni usted, ni yo tampoco. Por supuesto que no es fácil escuchar eso, pero es verdad.

—No se trata de ellos, Jayne —dije—. Ellos siguieron adelante, tal vez pasaron a la siguiente víctima. Usted todavía está enojada y ellos probablemente ni siquiera volvieron a pensar en usted. Solo se hace daño a sí misma al seguir atada a todo eso. El perdón es un regalo que puede hacerse a usted misma. Como concepto, el perdón trasciende cualquier religión. No es lo que debe hacer un cristiano, ni lo que debe hacer un judío, ni lo que debe hacer un budista, un musulmán o un católico. Es lo que se debe hacer, si se quiere tener la mejor oportunidad de vencer la enfermedad. Es lo que debe hacer el ser humano. Eso es lo que puede hacer por *usted misma*, Jayne.

Le asigné a Jayne una tarea. Le pedí que fuera a su casa y les escribiera una carta a los hombres que habían secuestrado a su esposo y habían provocado un caos en su vida. No hacía falta que los perdonara justo en ese momento, ni que les expresara con palabras elocuentes y una declaración grandilocuente su compasión y comprensión. Simplemente tenía que decirles cómo se sentía.

La carta de Jayne tenía cinco hojas.

—Me hizo sentir bien escribirla —dijo ella—. De verdad. Sentí una especie de descarga emocional. Fue como desahogarme.

La siguiente vez que me encontré con Jayne, hablamos acerca de la carta y de cómo se sintió al escribirla.

—Me sentí bien —me dijo—, pero me habría sentido aún mejor si hubiera tenido una dirección donde enviarla, y tal vez un poquito de ántrax.

Graciosa —y sincera— pero no precisamente lo que aspirábamos lograr. Le dije a Jayne que debía seguir escribiendo. Esa vez, necesitaba trabajar un poco más en compadecerse de ellos. No es algo que sale de la cabeza, le dije, sino del corazón.

Cuando Jayne se sentó a escribir por segunda vez, estaba estancada; no sabía qué podía decir que no hubiera dicho ya. El cursor de la pantalla de la computadora parpadeaba frente a ella en silencio. Ella decidió relajarse y meditar sobre la compasión. Por fin llegó la respuesta, y cuando lo hizo, llegó de manera sorprendente e inspirada.

—Decidí usar mi creatividad e imaginar un estudio de cine. Imaginé que los secuestradores eran bebés. Tengo tres hijos y adoro a los niños. Muchas veces he pensado que todos los bebés vienen a este mundo como un lienzo en blanco. Como madre, he visto que absorben como esponjitas, información sobre el mundo que los rodea, sobre su entorno. Visualicé a esos bebés, inocentes y pequeños, y después adelanté mi película imaginaria y creé las situaciones por las que debieron haber atravesado para convertirse finalmente en lo que se convirtieron: en seres capaces de actuar como ellos actúan. Hice eso con cada uno de ellos, uno por uno. Con los siete.

De repente, después de una hora y media de ejercitar la mente y crear un guión que le permitiera comprender a esos hombres y sus motivaciones, pudo sentirlo:

—Sentí una enorme oleada de alivio —dijo— como si me

hubieran quitado de los hombros todo el peso del mundo. Fue asombroso. Me sentí mucho más aliviada.

Sharon Whitmore, otra paciente de cáncer, describió el resultado del perdón en términos similares:

—Me desperté el día siguiente y tuve esa sensación —dijo—. Era una sensación de ligereza. Un alivio en el corazón. ¿Sabe cómo es sentirse cargado? Bueno, ya no me sentía así.

Además, para sorpresa de Jayne, sintió más alivio en la parte del cuerpo afectada por la enfermedad.

—Literalmente, salió de mi pecho —dijo con una sonrisa.

El proceso de dejar ir su enojo también la llevó a hacer algunas preguntas. *¿Cuánto de esto es el resultado de mis propias emociones? ¿Cuánto es el resultado de mi propia manera de pensar y procesar las cosas?*

Jayne se sintió asombrosamente bien durante el resto del día. Tenía una sonrisa en el rostro, que no podía contener, y un alivio en cada paso que daba, que era evidente a todos los que la rodeaban. Tenía más energía. Sus sesiones de quimioterapia eran menos traumáticas para ella. Lo que es más importante, tenía un renovado amor por la vida y estaba lista para avanzar hacia la sanidad.

Ella nunca olvidó la lección, y comenzó a cambiar su manera de vivir de maneras sutiles y no tan sutiles.

—Ahora, me recuerdo todos los días que debo practicar el perdón en mi vida cotidiana… mientras conduzco, cuando estoy en el supermercado, en mi casa o con mi familia. Cada vez que siento que estoy entrando al ámbito de la ira o de juzgar a otros, decido, en cambio, compadecerme de ellos y perdonarlos. Estoy mejorando cada día. Hacer esto me ha cambiado la vida, y ha tenido un efecto dominó sobre numerosos encuentros.

Creo que todos pueden experimentar la misma sensación de alivio transformador que describe Jayne. No va a ser igual para todos, lo cual, posiblemente, sea una de las razones por las que se pasa por alto y no se practica el perdón en el proceso de recuperación. El perdón no puede cuantificarse de manera precisa. La noción de que el proceso del perdón requiere de un número predeterminado de pasos para llegar al destino final es una noción que debe desecharse.

En resumen, no existe una ecuación sencilla que exprese que

$$\frac{(\text{acción } a + \text{revelación } b) \times (\text{compasión } y^2)}{x \text{ días}} = \text{perdón}$$

Este tipo de ecuaciones sencillamente no existe. Existen demasiadas variables psicológicas y espirituales para que un proceso paso a paso dé resultados. Esto no es tan sencillo como ajustar el reloj de su reproductor de DVD; es más complicado que asegurarse de que, al final del ciclo, los blancos sean más blancos y los colores, más brillantes.

Teniendo en cuenta lo complejos que somos como seres humanos, ¿por qué deberíamos esperar que nuestras experiencias emocionales sean idénticas?

Sin embargo, esto no significa que no existan puntos en común entre las historias individuales. Aunque las experiencias religiosas de conversión a menudo son bastante únicas, también tienen ciertas semejanzas. Lo mismo sucede con las experiencias del perdón.

Por ejemplo, una mujer se acercó a mí con lágrimas en los ojos después de un sermón que prediqué sobre el perdón. Me dijo que cuando supo que yo predicaría sobre el tema, estuvo a punto de irse de la iglesia. En cambio, decidió quedarse. Durante el sermón, "algo sucedió". Lo que ocurrió puede explicarse en términos espirituales como un milagro; porque cada vez que un corazón endurecido por el odio se transforma —ya sea de manera repentina, o no— en un corazón sensible, capaz de perdonar, es un milagro.

Por otra parte, he trabajado durante meses con personas que ni siquiera pudieron dar su primer paso hacia el perdón. En un caso, después de meses de trabajo, una mujer seguía albergando tanto odio a su padre como cuando había comenzado.

Así como no existen dos historias iguales, tampoco existen dos caminos idénticos hacia el perdón.

Su camino hacia el perdón podría ocurrir de manera milagrosa, un cambio de corazón de un momento a otro. Como Jayne, podría necesitar un enfoque novedoso y creativo para compadecerse de los que le han hecho mal. Podría llevarle días, semanas, meses o años. No hay manera de saberlo hasta que usted comience el proceso. Pero sí sé esto: las variables más importantes *no* son el tiempo y el esfuerzo que una persona esté dispuesta a dedicar en su búsqueda del perdón; sino su *motivación*. Depende del hecho de que la persona tenga (o no) el firme deseo de dejar ir ese pasado doloroso. Sin el firme deseo de alcanzar la sanidad y recuperar la salud, una persona podría seguir una guía de cien pasos y pasar largos meses trabajando en este proceso sin jamás experimentar el cambio de corazón que se necesita para el verdadero perdón.

El perdón, pues, es un proceso que tiene un comienzo y un final definido; pero el camino que los une suele ser diferente para cada persona.

La característica que cada una de las historias —incluida la de Jayne— parece tener en común es un *fuerte deseo de vivir*. Como Jayne, usted debe estar dispuesto a hacer lo que haga falta para mejorar su calidad de vida, aunque esto signifique enfrentar a sus ofensores… y perdonarlos. Jayne enfrentó a sus ofensores con todo, menos un sentimiento de impotencia. En cambio, manifestó tener resistencia; la capacidad de recuperarse de su situación con una fortaleza y un poder personal resultante de una poderosa voluntad de vivir.

Su vida, que se había vuelto muy sombría, ahora florece ante las numerosas oportunidades de hablar a enormes cantidades de público. Sería trillado sugerir que no hay mal que por bien no venga; pero si alguna vez hubo un sueño que yo esperaba que se hiciera realidad, es el sueño que se está cumpliendo en la vida de Jayne, de su marido y de sus maravillosos hijos.

Terminaré este capítulo con algunas palabras finales de Jayne:

No tengo palabras para expresar mi gratitud al Dr. Barry y a todo el personal de los Centros para el Tratamiento del

Cáncer de Estados Unidos. Creo que atravesar el proceso del perdón ha sido una parte fundamental de mi recuperación, y me siento sumamente bendecida de haber tenido acceso a este método completo de sanidad del cáncer, desde dentro hacia fuera.

Capítulo 3

RUSSIE

"Un poco de fealdad en los lugares más recónditos de mi corazón"

Hoy, Russie es una mujer elocuente, que expresa claramente sus palabras en oraciones que brotan de ella con notable entusiasmo y una risa contagiosa. Su diálogo es tan preciso y claro que parece que siempre hubiera sido así... pero no lo fue. Ella perdió parte de su lengua a raíz de un cáncer en la cavidad oral hace algunos años.

Cuando Russie llegó por primera vez al Centro para el Tratamiento del Cáncer en Estados Unidos (CTCE), no pudo asistir al programa de orientación para nuevos pacientes que ofrecemos a los que están interesados en recibir cuidado pastoral. Sin embargo, tuve la oportunidad de hablar con ella de manera individual, y volvimos a reunirnos varias veces más durante los meses siguientes.

Antes de la intervención, me pidió que orara por ella, lo cual obviamente hice con gusto. La operación fue un éxito, al menos según las normas con las que se miden las operaciones en medicina: se había logrado extirpar el cáncer. El panorama general, por supuesto, era que perder una parte considerable de la lengua era un precio bajo que pagar por su salud. El panorama específico... era triste y, en cierta manera, trágico. También oré por Russie después de la cirugía, y esta vez la ungí poniendo una pequeña gota de aceite sobre su lengua.

Lo que ocurrió después desafía la razón; de modo que quizá sea mejor dejar que Russie cuente esta parte de la historia:

Después de mi intervención, tuve serias dificultades para hablar. Fui a ver a un fonoaudiólogo, y creo que ése fue el momento en el que realmente me deprimí un poco. El problema no era el haber perdido una parte considerable de la lengua; sino que, en realidad, no iba a tener la posibilidad de comunicarme. Eso me preocupaba, porque me gusta hablar y tener vida social.

Mike vino a verme, y pudo comprender lo que me preocupaba. Solo me dijo:

—¿Cree en la sanidad?

Cuando le dije que sí, me respondió:

—Bueno, siento que debo ungirla con aceite y orar por usted.

Fue una oración realmente simple, como la que habíamos hecho antes de la intervención quirúrgica.

Después de la oración lloré, porque fue muy conmovedor. Mi mamá bajó a cenar, y yo me fui a dormir durante un rato. Me desperté cuando sonó mi teléfono celular. No había respondido las llamadas los días anteriores, porque ni mi esposo, ni mi familia, *ni nadie podía entender lo que trataba de decir*. El teléfono siguió sonando y sonando, y yo solo pensé: *Responnderé. Así sabrán que soy yo, y que no puedo hablar, y colgarán como siempre lo hacen y volverán a llamar después cuando mi mamá pueda responder*.

Era mi prima, y se mostró confusa cuando me oyó. Me dijo:

—Pensé que ya te habían operado y que no podías hablar.

Yo le pregunté:

—¿Me entiendes?

—Sí, te entiendo perfectamente. Hablas exactamente igual que siempre —me dijo.

Eso me dejó pasmada porque, aunque yo creía en las sanidades milagrosas, supongo que pensaba que solo eran para las personas buenas y dignas.

Pero ésta no es tan solo la historia de la sanidad del habla de Russie; sino la historia de la sanidad que puede ocurrir dentro del corazón de una persona. Y la *muy* buena noticia es que la sanidad (interior o exterior) no se produce sólo en las personas que son lo suficientemente buenas o dignas.

—Créame —dijo Russie—, en ese hospital había personas que eran más dignas que yo; personas que eran verdaderamente santas, pero que no recibieron esta clase de sanidad.

Criada en un pueblo dedicado a la minería del carbón en el oeste rural de Virginia, Russie tuvo lo que ella describe como una infancia rural típica, con chapuzones en el arroyo incluidos. Su familia era muy religiosa.

—No digo "religiosa" en el mal sentido —aclaró ella—. Era una familia muy disciplinada y con mucha fe. Crecí sumamente intimidada por eso, porque yo siempre fui... no diría la oveja negra de la familia, pero era la que siempre cuestionaba todo en mi corazón, se lo dijera a alguien o no.

Russie se describe como el incrédulo Tomás, la clase de persona que necesita ver la demostración de todo. En la universidad, se apartó de su educación familiar, y vivió la vida a su manera.

—Cuando enfermé, eso puso todo de manifiesto, todas mis debilidades. Comienzas a pensar que tal vez no tengas tiempo de llegar a ser esa persona mejor que siempre has querido ser.

Hasta que enfermó, Russie pensaba igual que muchos de nosotros. Sabemos que estamos mejorando (o tenemos esa esperanza), queremos ser mejores personas, y madurar. Pero cuando ella recibió el diagnóstico de cáncer, Russie se dio cuenta de algo: "¡Vaya! Éste podría ser el fin. Sea lo que fuere lo logrado hasta ahora, éste podría ser el fin".

Esto da que pensar, ¿verdad? Sea lo que fuere lo logrado hasta ahora, éste podría ser el fin.

Cuando Russie vino a uno de sus controles médicos, mencioné el programa acerca del perdón que ofrecemos. Russie no había sufrido traumas graves en el pasado, al menos nada que se pueda comparar con los de Jayne o con las experiencias de muchos otros cuyas experiencias con el mal cambiaron sus vidas para siempre.

—Mi familia se toma la vida con calma —me dijo—. No somos de guardar rencores o enojarnos por las cosas; hacer eso no es típico de nosotros.

Sin embargo, como la mayoría de las personas, Russie ocultaba la falta de perdón en su corazón. Su lucha por perdonar tal vez no sea tan dramática como la historia de Jayne; pero no es menos importante, y su desenlace no ha sido menos crucial.

Resultó que Russie había tenido una mala experiencia con uno de sus jefes, un problema laboral que se había agravado rápidamente y tornado muy desagradable. Aunque peor aún era su falta de perdón hacia un tío que había engañado y herido a su padre unos años antes.

—¡Es tan extraño! —dijo Russie sin ningún atisbo de humor—. Es más fácil enojarse por algo que le hicieron a una persona muy cercana, que por algo que nos hicieron a nosotros. Por cierto, me enojé mucho por lo que ese tío le hizo a mi padre. Nunca lo pude olvidar. No era un tipo muy digno de admiración, por eso era más fácil no sentir ninguna simpatía por él... y, de hecho, se podría decir que lo odiaba en mi corazón. Y a mí no me parecía mal, porque estaba justificado. Se podría pensar: *"Ese tipo era realmente malo"*.

Russie pensaba que odiar a su tío no estaba mal, mientras admitiera sus sentimientos en vez de ocultarlos. Era respetuosa con él y siempre lo trataba bien; pero en cierta medida sabía que algo estaba mal en su actitud, algo que ella llamaba *"un poco de fealdad en los lugares más recónditos de mi corazón"*.

Por eso aceptó trabajar en el programa del perdón del CTCE. Russie recuerda segmentos completos del programa; en particular, la parte en la cual yo le expliqué que el perdón es la idea central de la fe cristiana y que perdonamos a los demás porque hemos sido perdonados. Entre otras cosas, le aconsejé que viera sus experiencias como una observadora objetiva, que reconociera lo que había sucedido y que siguiera adelante.

Dado que Russie no estaba recibiendo un tratamiento periódico en el CTCE, le di un cuaderno de ejercicios y le pedí que lo completara por su cuenta. Para mi sorpresa, me envió un mensaje por correo electrónico después de completar solo dos de las seis lecciones.

—Para entonces, había llegado realmente al final —dijo Russie.

Ella tenía miedo de que yo pensara que era cobarde, pero en realidad había llegado al meollo de su falta de perdón.

—Fue muy liberador —dijo—, porque yo pensaba que si perdonamos a alguien, tenemos que tener trato con ellos, estar con ellos todo el tiempo y decirles "Lo que hiciste estuvo bien". Pero no tenemos que decirles que lo que hicieron estuvo bien, y no siempre tenemos que estar con ellos. No creo que Dios espere que constantemente tengamos una piedra en el zapato.

Si alguna vez Russie tomó conciencia, si tuvo una revelación que atravesara su corazón, la podemos encontrar aquí, en un correo electrónico que me envió después de completar el programa acerca del perdón:

> Por primera vez, pude ver el concepto que usted nos explicó en la clase. Si nuestros propios pecados fueran ladrillos, ¡se podría construir la gran Muralla China! Y es únicamente por la misericordia de Dios que Él nos perdona tantos pecados. Me di cuenta de que todas las cosas que había hecho en la vida tampoco merecían perdón; pero que Dios había decidido perdonarme. Sabía todo eso intelectualmente; pero por primera vez en la vida, lo pude sentir realmente. Creo que llegar a ese punto hizo que comenzara la verdadera sanidad.

Si nuestros propios pecados fueran ladrillos, se podría construir la gran Muralla China.

Por supuesto, darse cuenta de eso no borra el dolor causado por los que nos han lastimado y, sin duda, no justifica el daño que nos hicieron. Pero nos ayuda a comprender que nosotros les hemos hecho daño a otros, así como nos han hecho daño a nosotros. Ocurre algo poderoso cuando vemos nuestra propia humanidad desde la perspectiva de la gracia.

—Pasó lo mismo que con mi sanidad —dijo Russie—. No recibí sanidad porque fuera lo suficientemente buena, sino porque lo acepté, se lo entregué a Dios. Así que pensé: *También tengo que rendir esta parte. No puedo aferrarme a ninguna parte de esto, ni a ninguna cosa que retrase o impida mi sanidad.* Además, de este modo no sería digna de recibir ese regalo que me fuera dado. Soy humana. Todavía soy falible. No estoy ni remotamente cerca de donde quisiera estar. Todos los días estamos expuestos a pequeños conflictos con los demás, pero yo no me aferro a nada de eso. Lo dejo ir.

¿Y qué fue de la relación que tenía con esas personas que le hicieron tanto daño? ¿Qué fue de su jefe y de su tío?

—La verdad es que pensaba que perdonar a esas personas significaría perdonarlos, pero *sin relacionarme con ellos* —dijo—. Sencillamente no estaba segura de poder estar con cualquiera de ellos y aun así amarlos y perdonarlos como yo quería.

Estaba equivocada.

—El jefe con el que tuve problemas me llamó y me envió una tarjeta de Navidad —me explicó—. Tuvo una operación de corazón muy complicada después de eso, y lo llamé para ver cómo estaba. Así que, en cierta forma, tomé la iniciativa; pero cada vez que hablaba con él, no sentía el mismo enojo. Lo bueno era que no tenía que esconder ni reprimir nada. No había nada que reprimir. Y, de hecho, he podido hacer algo que no pensé que podría hacer, que es pasar tiempo con mi tío. ¡Pero lo hice! Este verano mi esposo y yo fuimos a visitarlo, y pudimos dejar de lado todo lo que sucedió y simplemente disfrutar de la visita.

Nadie sabe mejor que Russie de qué manera el proceso de perdonar influyó en su sanidad.

—Creo que es fundamental —dijo—. Conozco a muchas

personas que tienen problemas con el enojo y están furiosas con todo el mundo. Siempre están enojadas. Nunca fui esa clase de persona, pero creo que fue significativo que les siguiera guardando rencor a estas dos personas. El hecho de que siguiera molestándome, cuando normalmente dejo pasar las cosas y no guardo rencor, creo que fue significativo. Necesitaba enfrentarme a ello para sentir que podía seguir adelante. No solo fue fundamental para mi sanidad, sino también para mí como persona. Y agradezco haberlo hecho. Se lo cuento a las personas que me preguntan por el cáncer. No creo que ninguna vez haya dejado de mencionar la historia del Proyecto Perdón y lo que ha significado para mí.

—Nadie quiere enfermar de cáncer —agregó Russie—, pero conozco a muchas personas que han dicho que son mejores después del cáncer. Tengo que decir que perdí algunas cosas. No soy la misma. Pero tengo una alegría en el corazón que antes no tenía.

Hasta la fecha, me alegra informarles de que Russie sigue sana, sin cáncer… en el cuerpo, la mente y el espíritu.

Capítulo 4

CATHY

"Mamá, mi heroína"

LA VIDA DE Cathy Parker-Aavang ha sido más dolorosa de lo que ella hubiera querido. Incluso antes de que le diagnosticaran cáncer renal, antes de que éste hiciera metástasis en su espalda, antes que se le formara un tumor de gran tamaño en mitad de la columna vertebral, y antes que los médicos le dijeran que le quedaban dos meses de vida, incluso antes de todo esto, la vida de Cathy fue dura. En algunos aspectos, su historia resulta demasiado familiar.

—Estuve casada durante veinticinco años con un marido alcohólico —explicó Cathy—, y no me separaba principalmente por nuestros cuatro hijos.

Ella no creía que sus hijos pudieran soportar que ella se fuera del hogar en vez de intentar mantener viva la relación matrimonial, a pesar de lo conflictiva que se había vuelto.

—No quería que ellos sufrieran —dijo ella.

Así que intentó ocultar su dolor a los niños. Intentó ocultar lo destructiva que se había vuelto la conducta de su esposo. Intentó amortiguar el daño que les estaba haciendo a todas las relaciones familiares.

El resentimiento, el enojo y la falta de perdón comenzaron a enconarse por dentro. Y aunque Cathy finalmente dejó a su esposo, le resultó mucho más difícil dejar sus emociones hacia él.

—En mi corazón, sentía mucho rencor hacia mi ex esposo por todo lo que me había hecho pasar —me contó Cathy—. Me costaba mucho perdonarlo por no estar ahí para los niños y para mí como yo hubiera querido.

Finalmente, a Cathy le diagnosticaron cáncer. Fue un golpe tremendo, según me explicó, porque ella creía ser el tipo de persona (enfermera, madre, abuela y esposa) que siempre tenía todo bajo control. Y ahora una enfermedad terminal la atacaba y le recordaba que, aunque ella pensara lo contrario, no tenía todo bajo control. Nadie lo tiene.

—No podía creer que aquello me estuviera pasando a mí... y a mi familia, que es lo más importante.

Sus hijos tenían miedo de que se muriera. Su nuevo esposo también tenía miedo, lo cual era comprensible. Por su parte, Cathy no sentía un particular temor a la muerte, sino más bien a dejar atrás esa familia a la que había dedicado toda su vida.

El lado positivo, por otra parte, fue que las circunstancias le enseñaron a hablar con Dios. Lo más importante es que aprendió a *escuchar*. Durante sus oraciones, tenía una sensación de unidad con Dios, la clase de conversación y de relación que las personas describen con frases como "cara a cara" o "de corazón a corazón". Por primera vez en su vida, según expresó, escuchó que Dios le hablaba.

De estas conversaciones con Dios, y las que mantuvo conmigo y con otros integrantes del personal del Centro para el Tratamiento del Cáncer de Estados Unidos, Cathy aprendió "la importancia fundamental que tiene el perdón para la sanidad".

—Sentía que Dios *me hablaba directamente* sobre el perdón —dijo—, aunque no estaba segura de *qué* o *a quién* debía perdonar. Descubrí que a veces no todo es tan simple en esto del perdón.

No le llevó a Cathy demasiado tiempo descubrir que el "qué" y "a quién" debía perdonar iban mucho más allá de su matrimonio anterior. Los *qué* y *a quién* de Cathy incluían a malos vecinos, algunas cosas muy arraigadas en su familia, algunas peleas con su esposo y lo que Cathy llama "el ciclo de las cosas", esas situaciones en las que más de una persona o factor contribuyen a un suceso. También había tenido un novio abusivo en su juventud.

—Nunca había podido perdonarle —me dijo—. Me hacía la fuerte, como diciendo: 'Yo pasé por eso', y no pensaba más en el tema... excepto que lo odiaba por lo que me había hecho. Hubo personas que dije que había perdonado, pero nunca lo hice de verdad. Aprendí que cuando *sabes* que has perdonado a alguien sientes algo totalmente distinto.

Cathy y yo hablamos bastante de la relación entre el perdón y la sanidad, del aspecto espiritual y emocional de la batalla contra el cáncer, además de los aspectos físico y médico.

Como hago con la mayoría de mis pacientes con dificultades para perdonar, le pedí a Cathy que escribiera una carta a su ex marido. En la carta, detallaba las luchas que afrontó en el camino hacia el perdón y la sanidad.

Finalmente, llegó el momento en que pudo perdonar *verdadera* y *sinceramente* a su ex marido.

—No ocurrió de la noche a la mañana y no fue fácil —dijo—. Pero puedo estar agradecida de poder decir que he perdonado a mi ex marido. En todo caso, aprendimos mucho de todo esto, y los dos tenemos una situación mejor en la vida. Ahora somos amigos. Él viene a todas nuestras reuniones familiares y picnics, y sigue teniendo un rol muy importante en la vida de nuestros hijos. Él también tiene otra relación, y es estupendo. Es reconfortante saber que podemos estar todos juntos y no mostrar la animosidad que sentíamos antes.

Cathy no sabía cuánto influiría el perdón en el proceso de su sanidad. Todavía está batallando contra el cáncer, y está confinada a una silla de ruedas eléctrica como resultado de las lesiones que ocasionó el tumor a su columna vertebral. Pero ahora, casi seis años después que los doctores le dieran solo dos meses de vida, cada día parece una victoria. Y su progreso físico trajo algo que, en muchos aspectos, es más milagroso e inesperado: *trajo sanidad a su familia*.

Todo comenzó cuando Cathy les escribió a sus hijos una carta que había escrito sobre su experiencia con el perdón.

—No era una carta de despedida ni una carta que les transmitiera "creo que me voy a morir", sino una carta en la que quería contarles mi experiencia para que no tuvieran que luchar con el asunto del perdón.

La influencia que esto tuvo en su familia fue notable.

—Mis hijos se conmovieron mucho con la carta —me contó—. Le diré que, desde la carta y la sanidad de la que fueron testigos (sanidad no solo física, sino espiritual, que es lo más importante) son *personas totalmente diferentes*.

Cathy me contó una historia reconfortante sobre el cambio que vio en su familia. Es una historia que creo que vale la pena relatar con sus propias palabras.

Cuando mi hijo menor, que ahora está en la universidad, cursaba su último año de la secundaria, escribió una redacción para una de sus clases, que tituló: "Mamá, mi heroína". No podría leerla en voz alta, porque definitivamente me haría llorar; pero en esa redacción les contaba a la clase y a su profesora que una de las cosas más importantes que yo le había enseñado había sido cómo perdonar. Perdonar a alguien de verdad.

Hemos transitado juntos por esta senda del perdón. Ahora mis hijos me llaman y me dicen "Sé que debo perdonar, pero la verdad es que me cuesta", y hablamos sobre el tema.

Ninguno de nosotros va a ser perfecto a la hora de perdonar; yo tampoco. Pero esto cambió nuestra vida espiritual. *¿Y pasar de dos meses de vida a cinco años y medio?* No se debe a que encontré otro equipo de médicos; sino a que descubrí que perdonar es la *clave* de la sanidad.

El testimonio de Cathy pasó a ser el testimonio de su familia, y es un mensaje que se debería transmitir en las aulas (y en los libros) de todo el mundo. En resumen: *debemos perdonar.*

—¿Es así de fácil? —pregunta Cathy—. No. Se tiene que pasar tiempo en oración escudriñando su alma para encontrar ese punto donde pueda decirse a sí mismo y decirle a Dios: realmente perdono.

El testimonio de Cathy incluye dar aliento también a personas que no tienen cáncer. Me dijo mientras estaba en mi oficina:

—El perdón en todo el ámbito de la sanidad física es de vital importancia. Si uno puede aprender esto antes de tener que atravesar algo como el cáncer (o *cualquier* enfermedad, o una muerte), entonces vivirá una experiencia que le cambiará la vida. Es por ello que todavía sigo asistiendo al Centro para el Tratamiento del Cáncer de Estados Unidos. Estoy mejor; pero todavía me encanta volver aquí y hacerme los controles de rutina, por la manera en que todos se sienten cuando están aquí: no se puede dar solo una píldora o una inyección o lo que sea. Es necesario ofrecer todo el paquete, y el perdón es parte del paquete que acompaña el proceso de sanar una enfermedad.

Capítulo 5

RICH

"¡No es justo!"

RICH MILTNER NO LO SUPO en ese momento, pero su travesía con el cáncer comenzó con un choque frontal.

El accidente automovilístico le produjo heridas, y mientras consultaba a un médico durante su recuperación, le pidieron un análisis para ver sus niveles de PSA. (El antígeno prostático específico es una proteína que actúa como un indicador común del cáncer de próstata).

—Me puse a discutir con el médico y le decía: "Estoy bien, no tengo nada", porque no tenía ningún síntoma de nada —dijo Rich—. Pero el médico insistió en que me lo hiciera".

Lo llamaron a la mañana siguiente y le pidieron que viera a un médico con urgencia. Sus niveles de PSA eran muy elevados y necesitaba ver a un urólogo de inmediato. Después de una biopsia, el urólogo le dijo a Rich que tenía un tipo muy agresivo de cáncer de próstata y que debía buscar ayuda inmediatamente, antes de que el cáncer se expandiera.

—No tenía síntomas ni ninguna indicación de que tuviera un problema; pero tuve ese accidente… y menos mal. Es decir, salí herido; pero fue algo bueno y probablemente me salvó la vida.

La búsqueda de un tratamiento finalmente llevó a Rich a mi oficina en el Centro para el Tratamiento del Cáncer de Estados Unidos en Filadelfia. Conocí a Rich y a su esposa durante nuestra orientación para nuevos pacientes, y les hablé sobre los diversos programas educativos ofrecidos por el departamento de cuidado pastoral, entre los que se incluye uno sobre el perdón. Le pregunté si había alguien con el que estuviera particularmente enojado.

—No, en realidad no —dijo él.

Su esposa no estaba de acuerdo:

—Tiene un verdadero problema con su primo —dijo ella.

Le dije a Rich que pensaba que, tal vez, sería conveniente que él dedicara un poco más de tiempo a hablarme sobre eso. Más adelante, cuando volvimos a encontrarnos, comenzó a contarme largas y horribles historias sobre sus experiencias con uno de sus primos.

Rich trabajaba con dos primos en un negocio familiar dedicado a la construcción que habían heredado de su abuelo. Era una empresa muy próspera que llevaba a cabo grandes proyectos comerciales en el área de Cleveland, y estaba administrada por una familia muy unida... por lo menos, al principio.

—Comenzamos a trabajar desde muy jóvenes en esa compañía constructora —dijo Rich—. Podría decirse que crecimos juntos en esa empresa y, con el paso del tiempo, mis primos y yo, prácticamente, gestionábamos la compañía.

Aunque al final tuvo problemas con sus dos primos, la relación con el menor de ellos se volvió especialmente tensa.

—No sé qué pasó con los años. Mi primo menor y yo éramos realmente muy amigos; él venía a mi casa, se disfrazaba de Papá Noel para mis hijos, hacíamos cosas juntos. Pero en cierto momento, cuando crecimos y ya teníamos poco más de veinte años, se convirtió en otra persona. Nuestra amistad terminó: todas las actividades sociales que compartíamos fuera del trabajo se acabaron, y él se convirtió en una persona irascible y controladora.

Durante los siguientes treinta y cuatro años, la relación laboral entre Rich y su primo se transformó en algo que solo podríamos calificar de abusiva. Cuando describe a su primo, Rich utiliza reiteradamente palabras como: *cretino, caradura* y *traidor*.

—Se pasaba la mayor parte del tiempo tratando de hacer infelices a los demás —dijo Rich—. Estaba lleno de odio contra todos; cada vez, más y más irascible.

En un momento de lucidez y sinceridad, el primo de Rich le contó que creía que la manera de sacar más de las personas era menospreciarlas. Finalmente, el conflicto se volvió insostenible y Rich renunció, con dos semanas de preaviso, en mitad de un proyecto gigantesco con una compañía petrolera internacional.

Hablamos del motivo que lo había llevado a permanecer en un trabajo tan abusivo, y al final admitió que se había vendido por dinero.

—Como me pagaban bien, aguanté muchas cosas —dijo Rich.

Pero Rich seguía insistiendo en que había perdonado a su primo.

—Escuche —dijo Rich—. Trabajé para ese cretino durante treinta y cuatro años. Tuve que perdonarlo todos los días. Cada día que entraba a la empresa, lo perdonaba; de lo contrario, no hubiera estado allí. Año tras año, dejaba pasar su maltrato. Dejaba pasar todas las cosas. Todos los días lo perdonaba.

Aunque creo que Rich hizo su mejor esfuerzo por perdonar a su primo (o por lo menos para seguir adelante a pesar de su falta de perdón), otros aspectos de lo que me contaba indicaban que todavía llevaba consigo las heridas que le había causado su primo. En realidad, no había dejado pasar nada de todo aquello.

—Tuve que admitir que pensaba en mi primo prácticamente todo el tiempo —dijo Rich —. Estaba tan enojado que me obsesionaba y pensaba: *¿Cómo puede ser así? ¿Cómo puede herirme de esta manera? ¿Por qué me trata de esta manera después de tantos años de fiel servicio?*

Rich pensaba en su primo en todo lugar.

—Iba manejando y pensaba: *¿Cómo pudiste hacerme esto?* Veía pasar un camión con una pila de bloques de hormigón y pensaba: *¡Qué imbécil!* Incluso después de abandonar el negocio, seguía pensando constantemente en todas las cosas que él me había dicho y hecho durante todos esos años —comentó Rich.

Era evidente que Rich estaba luchando con la falta de perdón.

—No me sentía libre —dijo—. Su antipatía seguía arruinándome la vida.

La letanía de consecuencias de la falta de perdón de Rich en su vida era interminable:

—Pensé: ¿sabe qué? Que no había sido saludable para mi matrimonio —dijo Rich—. De verdad que me equivoqué al cargar a mi esposa con todas las cosas absurdas que pasaban en el trabajo; debí dejarlas en el trabajo, puesto que yo había elegido estar allí. En ese momento, me di cuenta de cómo había afectado a mi matrimonio, a mi actitud con mi esposa y a todo en general. Me sentía desdichado e infeliz todo el tiempo, y todo lo descargaba sobre ella. Y después comencé a pensar en mis hijos. ¿Qué clase de padre había sido, llevando eso a casa y criticando y hablando sobre ese tipo? ¿Cómo habrían sido las vidas de mis hijos si no hubiera estado quejándome permanentemente?

Los efectos negativos de la falta de perdón no solamente afectaban a los seres más queridos de Rich. También tenían efectos nocivos sobre el mismo Rich.

—En un momento, cuando hablaba de todo eso, me di cuenta del efecto negativo que estaba teniendo sobre mí, en mis procesos de pensamiento. Era cuestión de entender que en ese momento me estaba lastimando *a mí mismo*. Ya ni siquiera se trataba de él; era yo el que estaba saboteando mi propia salud. Tenía la presión arterial alta y otros problemas además del cáncer. Me preguntaba hasta qué punto todo eso afectaba realmente a mi salud.

Durante el transcurso de varias de nuestras reuniones, le expliqué a Rich que la falta de perdón puede ejercer un rol importante en el cáncer (lo mismo que he escrito en este libro).

Si ha oído hablar sobre los tipos de personalidad, sabrá que existe la personalidad tipo A, la personalidad tipo B, etc. Bueno, le dije a Rich que las investigaciones habían revelado un tercer tipo: la personalidad tipo C. Por supuesto, la C significa "cáncer".

Las características distintivas de la personalidad tipo C son la bondad y la amabilidad crónicas. No hay nada que una persona crónicamente amable quiera evitar más que el conflicto, por lo perturbador que éste pueda llegar a ser. Por lo tanto, en vez de confrontar a la persona abusiva y arriesgarse a pasar por la experiencia de un *tsunami* emocional, aprende a tolerar el conflicto a pesar de que su efecto se parezca al de la kriptonita. Las personas tóxicas pueden dejar un residuo corrosivo en otros, a menudo con poco o ningún efecto evidente sobre su propia salud.

Le expliqué a Rich que el constante odio hacia su primo lo estaba consumiendo, y que tenía menos posibilidades de mejorar físicamente si no ponía en orden su casa emocional, si no controlaba su odio. Él admitió que eso tenía sentido.

Sin embargo, lo único que no tenía sentido para Rich era por qué tenía que hacer el esfuerzo él de perdonar si era su primo el que había causado los problemas. Seguía obsesionado con la idea de la *justicia*.

—No entiendo de qué se trata todo esto —dijo Rich—. No entiendo. No soy yo el que hace todas esas maldades. No soy yo el que hiere a otras personas en la vida. No soy yo el que provoca todo el estrés que sufro: es él. ¿Por qué tengo que seguir viniendo aquí a hablar sobre todo esto? Usted no lo entiende: yo era el bueno de aquella historia. Yo soporté todo eso. Puedo decir que soy un buen cristiano.

En otras palabras: *No parecía justo que mientras Rich sufría tanto, en la vida de su primo no parecía haber ninguna consecuencia negativa.* Una injusticia. La *justicia* implicaría que su primo sufriera por el dolor que causaba continuamente; pero a su primo no le importaban en lo más mínimo ni Rich ni muchas de las otras personas que formaban parte de su vida.

Conociendo que ambos compartíamos la misma tradición religiosa, intuía que Rich había quedado atrapado en un mito común, una interpretación errónea o una mentira que contribuía a su incapacidad o a su falta de disposición para perdonar. Entonces, le expliqué a Rich una verdad que esperaba que pudiera ayudarlo a ser libre:

—La vida no es justa, Rich. No hay un solo versículo en la Biblia que enseñe que la vida es justa. Por lo menos, no esta vida —le dije.

Hablamos un poco sobre "el mundo, tal como es, y no como querríamos que fuera", y le aconsejé que siguiera en el programa del perdón y le escribiera una serie de cartas a su primo en un período corto de tiempo. Le expliqué que su primo nunca vería las cartas y que él nunca tendría que decirle qué había escrito, pero que yo quería que él escribiera lo que estaba en su mente y en su corazón para que se desahogara.

La victoria de Rich, el momento de la verdad, su "sensación de alivio" llegó mientras escribía una de esas tantas cartas. Así es como Rich describe el descubrimiento de la verdad que lo hizo libre:

> Le estaba escribiendo a mi primo sobre las cosas feas y desagradables que me había hecho, cuando empecé a pensar cómo había sido yo durante esos últimos treinta años. Empecé a darme cuenta de que no había sido el cristiano perfecto que yo describía y que, en realidad, también era un pecador.
>
> Cuando estaba sentado allí, pensé: *Necesito pedir perdón por todas las cosas que hice y por la manera en que me comporté: las cosas que dije, los chismes.* Estaba más que dispuesto a hablar de él con cualquiera que estuviera dispuesto a escuchar. Por ese motivo me senté allí y pedí perdón por eso.

Y no solo se trataba de los chismes.

—Había momentos en los que estallaba de ira y le gritaba. Perdía el control y le gritaba. Aunque nunca fui grosero con él, le hacía reproches. Entonces empecé a pensar: *No soy ese tipo perfecto* —confesó Rich.

> Esa noche fue un momento realmente decisivo para mí. Después de estar discutiendo durante semanas que yo no era el malo de aquella historia, caí en la cuenta de que soy un pecador como cualquier otro y necesito que me perdonen.

Supe inmediatamente que *debía* perdonarlo. No me quedaba otra alternativa; tenía que hacerlo. Tenía que perdonar a mi primo. "¿Sabe qué? Él no es una buena persona. No es una persona agradable. Pero tengo que superarlo. Tengo que perdonarlo".

Me encontré con Rich al día siguiente y me habló sobre su experiencia. Ni siquiera habían pasado veinticuatro horas y ya se sentía diferente.

—Me sentí libre —explicó—. Me sentí liberado. Sentí que me quitaban un gran peso de encima. Sentí que realmente podía perdonar a esa persona... y realmente lo perdoné. Ahora puedo quererlo de la misma manera en que Dios me ama. Puedo perdonarlo de la manera en que Dios me ha perdonado.

A diferencia de Russie y Cathy, para Rich el camino del perdón no fue el camino de la reconciliación. Para ser sincero, él estaba bastante preocupado por eso, le preocupaba que perdonar a su primo significara tener que ir a ver a su primo y decirle "Te perdono" o relacionarse con él otra vez. Pero perdonar no significa eso. Algunas personas (como el primo de Rich) son tóxicas, y las víctimas deberían mantenerse alejadas de las personas tóxicas tanto como del veneno o de cualquier sustancia nociva.

—Cuando me di cuenta de que podía superarlo y que no era necesario tener una relación con él, me sentí libre —dijo Rich—. Las cosas llegaron al punto en el que cuando veía pasar un camión lleno de bloques de concreto y pensaba en todas las locuras que él me hacía cometer, solo podía orar por él. Podía decir: "Señor, vuelvo a pensar en eso y él sí hizo esas cosas, pero no quiero que eso siga perjudicando mi vida. Ahora mismo, dondequiera que esté, sea lo que fuere que él necesite, te pido que obres en su vida y lo bendigas". Y hoy día sigo haciendo lo mismo. Ha sido un gran alivio para mí. Ha sido liberador. No lo odio de la manera en que lo odiaba antes.

Algunos años después, volví a hablar con Rich sobre lo que había pasado el día después de su última visita al médico. ¿Sabe lo que le dijo el médico?

—Su ángel guardián lo está cuidando.

—Estoy sano —me dijo Rich—. El médico me dijo que mis niveles de PSA son casi indetectables. Dijo que todos los órganos que examinó (mi hígado, mis riñones, todo) estaban bien. Necesitaba sanidad en más de un ámbito. El Centro para el Tratamiento del Cáncer de Estados Unidos se ocupó de mi sanidad física. En realidad, no fui al CTCE para encontrar la sanidad emocional y espiritual, pero también la encontré. El perdón no solo me ayudó espiritualmente, sino también físicamente. Más allá del aspecto espiritual, ahora sé que, dado que pude perdonar a esa persona, sin duda también estoy más fuerte físicamente. Todo ese estrés ya no forma parte de mi vida, y mi cuerpo está en mejores condiciones de combatir el cáncer.

Capítulo 6

SHARON
Una remisión espontánea del odio

Una remisión espontánea es la desaparición del cáncer sin ninguna causa médica directa. Como dijo una vez mi antiguo empleador, el doctor Lewis Thomas, Presidente del Memorial Sloan-Kettering: "El extraño, pero espectacular, fenómeno de la remisión espontánea del cáncer persiste en los anales de la medicina; es totalmente inexplicable, pero real, una esperanza hipotética a la que aferrarse en la búsqueda de una cura... Nadie duda de la validez de la observación".

DOCTOR RALPH MOSS, *THE MOSS REPORTS*
[LOS INFORMES DE MOSS]

No es fácil ver morir a un padre. Pero, como experimentó Sharon Whitmore, ver sufrir a un padre puede ser aún más difícil.

Sharon, que ahora tiene unos cincuenta años, era la hija mayor de una familia de siete integrantes: cinco hijos y dos padres trabajadores. Fue criada para cuidar de sus hermanos menores, a quienes atendía, cocinaba y limpiaba para ellos. En muchos aspectos, hizo las veces de madre. Por eso fue muy difícil cuando su familia se derrumbó después que su padre sufriera una lesión cerebral en un terrible accidente.

Una mañana a principios de 2008, la madre de Sharon fue a despertarlo y vio que hablaba de forma incoherente.

—Ella llamó a la ambulancia y lo llevaron al hospital. Tenía un hematoma cerebral masivo que era inoperable. El médico dijo que el pronóstico no era bueno.

Le dijeron a la familia que probablemente no podría volver a caminar, y que nunca volvería a tener una vida normal.

—Él había hecho un testamento vital, donde constaba su voluntad de que no hicieran nada para mantenerlo con vida.

Pero llegado el momento, la madre de Sharon no estuvo de acuerdo.

—No me importa lo que piensen mis hijos —le dijo su madre a los médicos—. Esto es lo que yo pienso. Soy su esposa y quiero que hagan todo lo que puedan hacer.

Sharon trató de convencerla, pero su madre insistió y dijo:

—Voy a hacer lo que yo quiero.

Sharon salió furiosa de la habitación y no regresó en varios días. Cuando volvió, vio a su padre en una situación de dependencia que él nunca había deseado.

—Tenía sondas por todos lados. Una sonda de alimentación en el estómago, un catéter, una sonda en la tráquea y otra en el cerebro para drenar la sangre.

Y la situación solo empeoró.

—Terminó teniendo llagas producidas por estar mucho tiempo en cama, una de las cuales estaba tan ulcerada que se podía meter un puño.

Sharon iba acumulando cada vez más enojo con su familia por someter a su padre a un sufrimiento cada vez mayor.

—Él había escrito un testamento vital, que no respetaron para nada. Me sentaba y miraba mientras atendían y manipulaban a mi padre, y mi enojo se iba acumulando. Él sentía mucha vergüenza, porque sabía que su hija lo estaba viendo en ese estado. Y me dolía mucho, porque sabía lo orgulloso que era. Imagínese cómo se sentiría un hombre orgulloso al que, en determinado momento, llevan a un nivel en el que le quitan las mantas y lo dejan desnudo y expuesto frente a sus hijas. Sé que lo último que hubiera querido era que sus hijas lo vieran así. Y eso me hizo mucho mal.

En septiembre de 2008, el padre de Sharon falleció. Poco tiempo después, a ella le diagnosticaron cáncer.

Cuando le dijeron que tenía cáncer, lo único que podía pensar era: *Mi papá no está aquí. Él hubiera querido estar conmigo; hubiera querido ayudarme, porque me amaba mucho.*

—Pero soy una mujer bendecida —dijo ella—. Tengo un marido maravilloso que me apoyó cuando tuve que tomar la decisión de que me hicieran una mastectomía y me amputaran los senos o que me extirparan solo el tumor. Opté por la extirpación y el tratamiento.

Los cirujanos no pudieron extirpar completamente el tumor, y Sharon se sintió desolada al saber que tendría que volver a operarse.

—Todas las operaciones son terribles, y quitarle una parte del cuerpo a una mujer, una parte de aquello que justamente la hace mujer, ya es muy malo; pero que después le digan que tienen que volver a operarla y quitarle más, es incluso peor.

Sharon estaba tan disconforme con sus primeros médicos, que se dirigió al Centro para el Tratamiento del Cáncer de Estados Unidos. Al principio, la atendió otro miembro del equipo (junto al equipo médico), pero una tarde que él no estaba disponible vino a verme a mi oficina. Le pregunté acerca del cáncer, y me dijo algo digno de mencionar. Dijo que creía que el cáncer lo había provocado algo que había en su corazón.

—Nunca me sentí así con nadie —dijo, refiriéndose a su familia—. Y si me pasaba, siempre oraba y pedía perdón; pero eso me estaba envenenando el alma.

—¿Sabe? —le dije—. Tenemos un programa sobre el perdón, que no es tradicional; pero que ha dado resultados. ¿Está dispuesta a hacerlo?

—Claro. Sin duda; no quiero tener esto adentro. No puedo tener esto en mí, porque no quiero que el cáncer vuelva a aparecer, y sé que esto es lo que lo provocó —dijo ella sin vacilar.

—¿Cree que el enojo hacia su familia fue lo que causó el cáncer? —le pregunté.

—Sí, eso creo —respondió—. Sí.

Le pregunté a Sharon si quería seguir adelante con el programa (ella quería), y si le parecía bien que yo orara por ella (le pareció bien). Oré por ella, le impuse las manos y la ungí con aceite; y dicho sea de paso, así era exactamente como su padre oraba por ella.

—Oramos —dijo más tarde—. Es decir, realmente *oramos*. En ese momento no me daba cuenta, pero mi corazón realmente quería perdonarlos. No quería seguir con esos sentimientos negativos. No me *pertenecían*. Pero parecía que no tenía la capacidad de perdonar. Cada vez que me daba la vuelta, era de lo único que hablaba. Con todos los que hablaba, era mi único tema de conversación, ya fueran conocidos o desconocidos. Esos sentimientos no querían irse.

Pero algo ocurrió.

—Cuando terminamos de orar, sentí que me quitaban una carga de encima. Pero no le presté atención.

En cambio, ella volvió a la habitación donde se quedaba cuando visitaba el hospital y se sentó para trabajar en la tarea asignada.

—Comencé a escribir, y escribí: "Esas personas le hicieron esto a mi padre..." y no se me ocurría cómo seguir. No podía *pensar* en nada.

Sharon supuso que era solo cansancio y se acostó a descansar. Cuando se levantó, trató de escribir por segunda vez.

—No se me ocurría nada salvo cosas incoherentes —dijo—. Nada. Estaba ahí sentada y pensaba: *Dios mío, ¿qué me pasa? Esto es extraño. El doctor Barry debe saber qué me está pasando.* Porque todavía no era consciente de lo que había sucedido en realidad.

Sharon dejó de escribir otra vez, comió algo y después se sentó por tercera vez para intentar cumplir con la tarea asignada. Mientras estaba sentada mirando fijamente la hoja en blanco, se dio cuenta de que no tenía nada que escribir; entonces, fue a acostarse.

Cuando volvió a mi oficina al día siguiente, me preguntó:

—¿Qué fue lo que pasó? No pude escribir nada. Traté de empezar, y todo eran incoherencias. Cuando me fui de aquí, no podía pensar. Cuando me desperté esta mañana, fue el primer día que no pensé en mi padre y en lo que le había pasado. Todas las mañanas, cuando oraba, empezaba a llorar por mi papá... y esta mañana no me pasó.

Ella dijo que, por primera vez desde la muerte de su padre, no sentía dolor en su corazón.

—¿Se da cuenta de lo que ocurrió? —le pregunté—. Ésta es una remisión espontánea.

Sharon experimentó con el perdón lo que de vez en cuando los médicos observan con el cáncer y otros problemas físicos, cuando un tumor o enfermedad desaparece de manera inesperada e inexplicable. No existe ninguna explicación médica satisfactoria para este fenómeno; las personas de fe (entre las que me incluyo) lo consideran un milagro.

La única razón por la que alguien como Sharon, una persona consumida por el enojo y la falta de perdón, podría experimentar un alivio tan abrupto e instantáneo de sus síntomas, es por obra de Dios. Sharon quería ser libre del enojo y la falta del perdón. Y cuando oramos, eso fue lo que pasó.

—Creo que escribir algo revela realmente lo que hay dentro —dijo ella—. Cuando escribimos, podemos verlo y sentirlo. No podía escribir nada, porque había sido libre de eso antes de salir de la oficina. Fue como un milagro. Así es: fue un milagro.

Por supuesto, el proceso del perdón no siempre sucede tan rápidamente, pero no por eso la experiencia de Sharon es menos auténtica o su perdón es menos crucial.

—No se considera a una persona libre del cáncer hasta que hayan pasado siete años —dijo Sharon con una sonrisa—, pero me he liberado de la falta de perdón, y me considero libre del cáncer.

La ciencia

*No podemos seguir escondiéndonos detrás del argumento que
sostiene que no hay pruebas suficientes de que los métodos que
relacionan la mente y el cuerpo tengan algún efecto o sean ciertos.
Los estudios indican, en realidad, lo contrario.*

DAVID SERVAN–SCHREIBER, MD, PHD
ANTICANCER: A NEW WAY OF LIFE [ANTI-CÁNCER:
UNA NUEVA FORMA DE VIDA] (2009)

Capítulo 7

LA BIOLOGÍA DEL ESTRÉS
Simplificar lo complejo

*La mayoría de las enfermedades que consisten en una función
inmunológica anormal está extraordinariamente relacionada
con el estrés psicológico.*

ROBERT SCAER, MD, *THE TRAUMA SPECTRUM*
[EL ESPECTRO DEL TRAUMA]

El tratamiento integral de una persona: mente, cuerpo y espíritu

Durante una clase sobre la relación entre la mente y el cuerpo que impartí hace unos veinticinco años, un cirujano interrumpió la exposición, y dijo a gran voz: "Usted no se creerá realmente todas esas tonterías, ¿verdad?".

He descubierto que los médicos tienen reglas a las que se aferran: procedimientos fijados y "árboles de decisiones" establecidos conforme a una investigación basada en la evidencia (y en las compañías de seguros). En su calidad de médicos, depositan su confianza incondicional en el método científico: ¿se puede medir, predecir, reproducir? Sin embargo, Dios no se sujeta a esas reglas, y sigue estableciendo nuevas y mejores maneras de sanar a las personas, e incluso nos despierta a la realidad del rol que la mente (nuestro sistema de fe y creencias) puede desempeñar y, de hecho, desempeña en el proceso de la sanidad. Algunos médicos tienen un concepto más dinámico sobre la sanidad y la enfermedad, y de este modo han llegado a la siguiente conclusión: "Cuando se trata del cáncer, la actitud lo es todo".[1]

Aunque no todo el mundo esté conforme, sin duda las actitudes ante la atención médica holística han cambiado desde la década de los ochenta, hasta tal punto que la relación entre la mente y el cuerpo es ahora considerada como "una hipótesis científica perfectamente respetable".[2] Además, se ha logrado un gran avance desde principios de la década de los sesenta, cuando era frecuente que los médicos ni siquiera informaran a los pacientes de que tenían cáncer. Los tratamientos de hoy, en cambio, son enfoques modernos y holísticos, que se centran en el paciente. Los tratamientos contra el cáncer de la vieja escuela solo trataban el tumor. Los tratamientos más modernos contra el cáncer tratan a la persona de manera integral: cuerpo, mente y espíritu.

El tratamiento holístico del cáncer también se denomina "medicina integradora", y en este momento es el mejor tratamiento disponible contra el cáncer, porque, en pocas palabras, no existe una solución mágica. No existe ningún golpe que deje fuera de combate al cáncer; esto es algo que no es fácil decir a los pacientes que lo padecen, ni a sus familiares y amigos. Supongo que éste es uno de los motivos por los que "luchar contra el cáncer" es la metáfora que predomina cuando las personas hablan acerca de la enfermedad: es realmente necesario atacarlo con todo lo que uno tiene.

Para enfatizar esta cuestión, el Doctor en medicina Rudolph Willis, jefe de oncología médica del Centro para el Tratamiento del Cáncer de Estados Unidos en Filadelfia, ha llegado a una sabia conclusión después de muchos años de trabajo en el campo de la oncología médica: "Desde hace tiempo, nosotros, los oncólogos, sabemos que dos pacientes diferentes con el mismo tipo de cáncer, en la misma etapa de la enfermedad y que reciban el mismo tratamiento pueden tener desenlaces completamente distintos. Uno muere y el otro no… Existen innumerables luchas en la batalla por la vida; pero la verdadera batalla la libran los guerreros más importantes: nuestro espíritu y nuestra fe".[3]

El doctor Willis entiende la complejidad del cáncer de una manera que pocos pueden; pero también reconoce el rol que ejercen los pacientes en su propia sanidad. Si usted quiere tener la máxima probabilidad de vencer en la lucha contra el cáncer, es de vital importancia que piense dinámicamente acerca de la enfermedad, además de informarse más acerca de cómo y por qué nuestro cuerpo se comporta de la manera que lo hace. Los que valoran la atención médica holística parecen apreciar mejor las complejidades del cuerpo (las hormonas, las enfermedades relacionadas con el estrés, el rol de la nutrición, entre otras), así como la interrelación de sus sistemas (por ejemplo, la relación entre el sistema endocrino y el inmunológico).

En conclusión, el tratamiento holístico contra el cáncer admite la complejidad de la enfermedad, aunque reconoce los increíbles recursos que un paciente puede aportar a la lucha. Hasta que se descubra una solución milagrosa, y todos esperamos que sea pronto, el sabio consejo dicta que los pacientes con cáncer pueden comenzar por pensar dinámicamente y seguir un tratamiento holístico, si esa opción está a su alcance.

Por lo tanto, un programa hospitalario relacionado con el perdón es muy apropiado en la categoría de la medicina que trata la mente, el cuerpo y el espíritu. El doctor David Servan-Schreiber, superviviente de un tumor cerebral en el estadio IV y autor del libro *Anticancer: A New Way of Life* [Anti-cáncer: Una nueva forma de vida] lo expresa de la siguiente manera: "El primer paso [para fomentar el deseo de vivir del paciente] consiste en localizar y tratar los traumas del pasado".[4]

¿Por qué cree usted que resalta la importancia de tratar, en primer lugar, los traumas del pasado? ¿Será porque el pasado doloroso es el origen de la enfermedad?

¡Sí! Servan-Schreiber afirma a continuación que "esas cicatrices mal sanadas consumen una parte significativa de nuestra energía y dificultan la capacidad del cuerpo para la autodefensa".[5] Investigaciones recientes identificaron "una serie de problemas de salud crónicos... con etiologías [causas u orígenes] sociales y personales y sus consecuencias. Las intervenciones para facilitar el perdón ofrecen perspectivas importantes para la gestión y el tratamiento de estas enfermedades".[6] ¿Incluido el cáncer? *Por supuesto*, según dicen el doctor Servan-Schreiber y muchos otros investigadores. Sin lugar a dudas.

La recompensa

Antes de entrar en la explicación científica del estrés, deberíamos responder de inmediato a una pregunta: *¿Para qué sirve?* ¿Para qué aprender acerca del estrés, su efecto en nuestro cuerpo y el rol que desempeña el perdón entre ambos?

Una respuesta breve es que puede haber una recompensa enorme. Una respuesta extensa, tal vez, incluya algunos (o la totalidad) de los siguientes ejemplos:

1. *El perdón es una de las claves de la felicidad.* "El perdón es la característica más estrechamente relacionada con la felicidad", escribe el psicólogo Christopher Peterson, de la Universidad de Michigan. "Es la reina de todas las virtudes, y probablemente la más difícil de encontrar".[7] Algunas personas hace tanto tiempo que son infelices que ni siquiera se acuerdan de cómo era ser feliz.

2. *El perdón sana los recuerdos dolorosos y crea la oportunidad de sanar las relaciones.* En algunos casos, los recuerdos dolorosos del pasado han llegado a destruir la estructura de una familia.

3. *El perdón ofrece "una salida".* Algunas personas están tan hartas de estar enojadas con el pasado, que estarían dispuestas a hacer el esfuerzo de cambiar su actitud si tan solo supieran cómo hacerlo.

4. *El perdón ofrece sanidad emocional, espiritual y física.* Podemos decir por lo bajo y pensar de otra persona: "¡Me

pones enferma!", sin detenernos a pensar en la verdad que se oculta detrás de esas palabras. Odiar a otras personas *realmente* nos enferma.

5. *El perdón tiene un efecto saludable inmediato y un beneficio a largo plazo.* El estrés ocasionado por la falta de perdón afecta negativamente al sistema inmunológico, mientras comenzamos a quedarnos sin las municiones que nuestro cuerpo utiliza para combatir las enfermedades. Un sistema inmunológico fortalecido puede influir positivamente en la curación del cáncer.

Si usted está buscando una alta tasa de reingreso por su inversión, las posibilidades del perdón ofrecen un rendimiento sumamente alto; tal vez, mayor que otros procesos, si consideramos el esfuerzo empleado. La recompensa es nada menos que la paz personal: con otros, con nosotros mismos y posiblemente incluso con Dios. Los beneficios no tienen precio.

Pero, ¿cómo funciona todo esto?

LA CIENCIA DEL ESTRÉS

La relación entre la mente y el sistema inmunológico

Robert Ader, director del *Center for Psychoneuroimmunology Research* [Centro de Investigaciones de la Psiconeuroinmunología] del Departamento de psiquiatría del Centro Médico de la Universidad de Rochester, acuñó el término *psiconeuroinmunología* (PNI) para describir la relación entre el cerebro y el sistema inmunológico.

El término psiconeuroinmunología parece muy complicado hasta que analizamos las partes que lo componen. La primera parte, *psico*, se relaciona con la mente, igual que en términos comunes como *psicología*, *psiquiatría* y *psíquico*. La segunda parte, *neuro*, se refiere a las *neuronas*, que son las células cerebrales que transmiten impulsos eléctricos, y tiene la misma raíz que la palabra *nervio*.

Neuro se refiere a la estructura física del cerebro, mientras que *psico* se refiere a la estructura de la mente. Por último, la *inmunología* es la ciencia que estudia el sistema inmunitario.

Aunque los investigadores aún tienen que encontrar "evidencias definitivas que respalden que los factores psicosociales influyen sobre las enfermedades mediante cambios en el sistema inmunitario", Ader cree que "las experiencias psicológicas como el estrés y la ansiedad pueden influir sobre la función inmunológica, lo cual a su vez puede afectar a la evolución de una enfermedad".[8]

Ciertos datos indican que factores tales como reprimir las emociones del enojo y el odio (que son los ingredientes de la falta de perdón) hacen que la persona sea más propensa a caer enferma. Aunque algunos estudios comenzaron a mostrar una relación entre la mente y el sistema inmunitario, Ader afirma: "si usted es un especialista en inmunología, y lee en una revista no especializada que la psiconeuroinmunología le enseña a estimular su sistema inmunitario para ser más sano, rico y sabio, no va a querer saber nada de eso".[9] Sus observaciones son razonables, y deberíamos recordarlas.

No es el propósito de este libro *exagerar* los beneficios del perdón como una "técnica terapéutica psicosocial", pero tampoco lo es *restarle* importancia. El perdón no hace a una persona más "saludable, rica y sabia", y tampoco estoy sugiriendo que sea el remedio para todos los problemas mundiales. Sin embargo, es una manera útil de lidiar con el estrés creado por las heridas emocionales que otros nos han provocado (o que nosotros mismos nos hemos infligido), con beneficios significativos sobre la salud.

Una observación muy sensata sobre el perdón en relación con el cáncer es que la falta de perdón, que incluye reprimir las emociones negativas, es muy estresante. Mantener un enojo y un odio volcánicos en nuestro interior consume mucha energía. Sin duda, reprimir los sentimientos negativos es emocionalmente difícil y tóxico.

La respuesta al estrés

¿Qué es el *estrés* o, como mejor se ha dado en llamar, la *respuesta al estrés*? ¿Afecta al sistema inmunológico? Y, de ser así, ¿de qué manera? Lo que es más importante, ¿puede el estrés hacer que el sistema inmunológico funcione tan mal que provoque cáncer o estimule el crecimiento de un tumor?

Para responder a estas preguntas, necesitamos comprender mejor el sistema endocrino del ser humano y su papel en la secreción hormonal, que ayudan al cuerpo a sobrevivir a situaciones que ponen en riesgo la vida.

Todos tienen puntos fuertes y débiles, aspectos de la personalidad que juegan en su contra o a su favor. Lo mismo sucede a nivel molecular. Las hormonas pueden ayudarnos; pero si se las usa demasiado, pueden perjudicarnos.

A continuación hallará un breve análisis general del papel desempeñado por determinadas hormonas, que pueden afectar al sistema inmunológico de una persona como respuesta al estrés. La explicación científica es mucho más compleja de lo que podemos detallar aquí; pero por lo menos espero esclarecer en parte la manera en que nuestro cuerpo puede responder a la falta de perdón.

El sistema endocrino

El sistema endocrino es uno de los principales sistemas de comunicación, que controla y coordina el trabajo del cuerpo. Trabaja en conjunto con diversos otros aspectos del cuerpo para mantener y controlar una gran cantidad de funciones, entre las cuales se encuentran los niveles de energía corporal, la homeostasis (el equilibrio interno de los sistemas corporales) y, lo que es más importante para el tema que nos compete, la respuesta al entorno, las heridas y el estrés.

El sistema endocrino cumple con su trabajo a través de las hormonas (mensajeras químicas, creadas y almacenadas en las glándulas endocrinas), que liberan señales moleculares al torrente sanguíneo cuando éstas son necesarias. Todos estamos bastante familiarizados con la manera en que el sistema nervioso transmite información a través de las vías nerviosas; de manera similar, el sistema endocrino utiliza los vasos sanguíneos para transmitir información a todo el cuerpo mediante las hormonas.

Un breve comentario sobre las hormonas

La palabra *hormona* deriva del griego *hormôn*, que significa literalmente "excitar o estimular"; y eso es exactamente lo que hacen las hormonas. El cuerpo humano cuenta con más de treinta de esas hormonas sorprendentes que coordinan y regulan activamente funciones que abarcan desde la pubertad y el peso hasta cuán bien dormimos o la sensación de hambre o de estar satisfechos. Además, algunas hormonas (dos en particular) controlan cómo gestionamos el estrés. Éstas son la *adrenalina* y el *cortisol*.

La función de la adrenalina y el cortisol es generar fuerza y velocidad para sobrevivir a una situación que pone en riesgo la vida, ya sea real o imaginaria. En concreto, la adrenalina estimula el corazón para que lata con más fuerza y rapidez, a fin de garantizar la fuerza y la velocidad; mientras que el cortisol mejora activamente el uso de la glucosa en el cerebro y modifica la manera en que almacenamos la energía. Por otra parte, esas hormonas son el motivo por el cual dos elecciones sencillas en nuestro estilo de vida (hacer ejercicio y tomar más agua) pueden contribuir a reducir el estrés.

La respuesta de lucha o huida

Para aumentar el flujo de sangre al cerebro y los músculos (los órganos que más lo necesitan en una situación que pone en riesgo la vida), la adrenalina dilata los vasos sanguíneos que alimentan a esos órganos, al mismo tiempo que estrecha los que alimentan a otros órganos vitales, que de repente son menos importantes. El cortisol también actúa para suprimir temporalmente otros sistemas y funciones corporales innecesarias.

Digamos, por ejemplo, que estamos disfrutando de una tranquila caminata matinal por el bosque cuando un oso enojado aparece de improviso frente a nosotros. Digerir los huevos y el tocino que comimos en el desayuno, de repente, es insignificante en comparación con la necesidad de enfocar nuestros pensamientos y preparar nuestras piernas para salir corriendo a gran velocidad a través de los matorrales. En una situación de este tipo, la adrenalina y el cortisol nos preparan para un período de estimulación prolongada que puede ayudarnos a sobrevivir a la amenaza.

Además de suprimir el sistema digestivo, las hormonas del estrés suprimen también el sistema inmunológico. Cuando nos enfrentamos a la amenaza abrumadora y prolongada de un oso que nos respira en la nuca, el cortisol organiza la manera en que se consume la energía y envía señales al sistema inmunológico para que reduzca significativamente la producción de linfocitos o células NK (por las siglas de su denominación en inglés, natural killer, "letal por naturaleza"; en español se conocen los linfocitos citolíticos), que son los soldados de infantería del cuerpo en la lucha contra el cáncer.

El investigador Robert M. Sapolsky afirma: "No es que el estrés enferme, sino que aumenta la posibilidad de contraer una enfermedad… Frente a esta situación, aparecen enfermedades relacionadas con el estrés, porque el ejército defensor de la respuesta al estrés se queda sin municiones".[10]

El resultado final es que nuestra energía se concentra en la supervivencia y le hace frente a la amenaza más importante: el oso. Combatir los tumores cancerosos y destruir las células cancerosas es importante; pero ante una situación de estrés, el oso constituye un peligro más inminente y, por lo tanto, eclipsa incluso la necesidad de combatir el cáncer.

He aquí el gran problema: nuestra mente no puede distinguir entre un oso real y un oso imaginario. En la medida en que consideramos el cáncer o cualquier otro problema como una amenaza o peligro claro e inminente, nuestro cuerpo reacciona en consecuencia y produce tanto adrenalina como cortisol con los resultados pertinentes: un cuerpo en posición de alerta máxima y listo para luchar por su vida. Sin embargo, por muy comprensible que pueda ser la preocupación, no es beneficioso responder a la amenaza con demasiada ansiedad. Una respuesta más apropiada sería reconocer la amenaza y, con fe y confianza, enfrentarse al adversario con calma. El cáncer no es un "oso" que lo destruirá; es una enfermedad que se puede vencer.

El estrés crónico

No es que el estrés, en sí, sea malo. Nuestro cuerpo está diseñado para soportar el estrés. Si no fuésemos capaces de manejar el estrés, tendríamos que vivir aislados de todos los demás y convertirnos en el tipo de persona que Simon & Garfunkel inmortalizaron en su canción *I Am a Rock* [Soy una roca]: "Escondido en mi habitación, en la seguridad de mi refugio, no toco a nadie y nadie me toca".

Menos mal que Dios no solo nos dio la capacidad de experimentar un estrés productivo y saludable, sino que también diseñó nuestro cuerpo para que pudiera hacer frente a factores estresantes externos; pero solo por un período de tiempo limitado. Al parecer, Dios no nos creó para mantenernos en un estado de excesiva alerta, en el que nuestro cuerpo esté constantemente desbordado de hormonas de estrés.

A modo de ilustración, si nuestros cuerpos son como automóviles, tenemos combustible en el depósito (glucosa) y un acelerador (sistema endocrino) para desplazarnos por la carretera. Cuando necesitamos adelantar a otro automóvil o eludir a uno por cualquier motivo, tenemos una palanca de cambio que envía una cantidad abundante de combustible al carburador, lo cual nos permite movernos más rápido y alejarnos del otro automóvil. Pero no fuimos creados para pisar el acelerador constantemente.

El estrés crónico no es parte del designio de Dios para nuestro cuerpo; es el tema de numerosos pasajes de la Biblia, cuya mayoría habla de evitar el temor y la preocupación, y fomentar la confianza y el gozo.

Cuando pienso en el diseño intrincado de nuestro cuerpo, recuerdo las palabras del salmista y me conmuevo:

Porque tú formaste mis entrañas;
Tú me hiciste en el vientre de mi madre.
Te alabaré; porque formidables, maravillosas son tus obras;
Estoy maravillado,
Y mi alma lo sabe muy bien.[11]

EL ESTRÉS, EL CÁNCER Y LOS RECUERDOS

Luchar, huir o... *paralizarse*

Mucho se ha escrito sobre la respuesta de lucha o huida. Sin embargo, existe una tercera opción: *paralizarse*. Hay una historia real sobre un león que perseguía a una cebra por la llanura africana. La cebra, que corría para salvar su vida, miró hacia atrás para ver si le había podido sacar ventaja o engañar al león, solo para descubrir que el depredador se estaba acercando a ella para matarla. El león se estiró y atacó a la cebra por el flanco trasero izquierdo. Fue apenas un roce, pero la cebra cayó al suelo en estado de estupor y catatonia, sin poder caminar y en total indefensión, al sucumbir ante la amenaza sin seguir luchando por su vida.

Algunas personas consideran el cáncer como una amenaza similar. De hecho, en algunas personas, el diagnóstico del cáncer puede desencadenar el trastorno del estrés postraumático. Estas personas perciben el diagnóstico de cáncer como una sentencia de muerte, y a veces se rinden sin pelear, de manera muy similar a la cebra. Afectadas por un gran temor, caen en cama y esperan la muerte.

El doctor Robert Scaer, autor de *The Trauma Spectrum: Hidden Wounds and Human Resiliency* [El espectro del trauma: Las heridas ocultas y la resiliencia humana], escribe: "Debido a que la indefensión es un estado de realidad o de percepción, necesario fundamentalmente para la respuesta de paralización, también se podrían clasificar estos problemas médicos como enfermedades de indefensión".[12] Pero la paralización es la consecuencia más extrema del sentimiento de indefensión.

El invierno pasado fui a esquiar y anduve en moto de nieve con un buen amigo por las hermosas montañas de New Hampshire. Esquío bastante bien, pero no tenía mucha experiencia con las motos de nieve. Era el final de la temporada y hacía fresco, no frío, y también había estado así la semana anterior, por lo que la nieve estaba un poco blanda, especialmente hacia el costado del camino. Iba siguiendo a mi amigo, que avanzaba rápidamente y lograba mantener una distancia de al menos veinte metros por delante de mí.

Al doblar una curva, vi que él se había detenido al costado de un camino muy angosto. Me quedé petrificado por el temor, y en blanco por un momento. Todavía no puedo recordar qué ocurrió durante los segundos anteriores a que chocara contra la parte trasera de su moto de nieve. Gracias a Dios, nadie resultó herido, aunque yo evidentemente había llegado al punto de indefensión extrema. En broma, lo acusé de tratar de matarme al detener su moto de nieve frente a mí. Pero a decir verdad, a pesar de los meses que han pasado, todavía me resulta traumático pensar en el incidente, y no entiendo por qué me quedé en blanco de esa manera. Además, me pregunto en qué circunstancias podría volver a pasarme.

Aunque no puedo explicar lo que hicieron mis neuronas durante esos segundos fatídicos, o cómo funcionaban mi cerebro, mis pulmones y mis otros órganos vitales, realmente entiendo qué es sentir un grado de extrema indefensión, por lo menos durante un momento. Años antes, tuve una experiencia similar cuando me caí de una lancha, y casi me cuesta la vida.

Los expertos sugieren que el éxito en el tratamiento del trastorno del estrés postraumático implica ayudar a la persona a hablar sobre la experiencia de paralización. Algunas de las mismas técnicas que utilizamos en el programa del perdón se utilizan también en el tratamiento del trastorno del estrés postraumático. Volveré a tratar ese tema más adelante.

Los recuerdos dolorosos: una sobrecarga sensorial

No podemos comenzar a abordar la curación de un trauma sin comprender que nuestra respuesta al trauma es una *anomalía de la memoria* que nos paraliza en un acontecimiento pasado y, a partir de entonces, afecta a toda nuestra percepción de la realidad.[13]

Es importante destacar que los recuerdos dolorosos tienen dos componentes: el dolor en sí mismo y el recuerdo. Visualice un vaso lleno de agua fresca y cristalina. Imagine que vierte una gota de tinta negra en el agua y se forma una mancha oscura. Ahora imagine que, mediante una especie de proceso de destilación, puede eliminar la tinta y volver a tener agua cristalina. Así es el proceso del perdón. La tinta representa el *dolor* y el vaso de agua representa nuestros *recuerdos*. Lograr perdonar a alguien elimina el dolor del recuerdo, pero el recuerdo permanece. Debido a la manera en que funciona nuestra memoria a largo plazo, es probable que nunca olvidemos la situación que nos causó dolor; pero eso no significa que el dolor deba durar para siempre. Como sucede con una cicatriz en el brazo o en la pierna, nunca olvidaremos cómo apareció el dolor inicial (ya sea por un vidrio roto, una caída de bicicleta o una quemadura en la cocina), pero la cicatriz ya no nos duele.

En sentido metafórico, cuando alguien nos lastima emocionalmente, hiere nuestro corazón. El perdón permite que sanen las heridas, pero quedarán cicatrices. Aunque las heridas sanen, el recuerdo permanecerá. El perdón es, por lo tanto, la sanidad de los recuerdos.

"Rumiar" sobre nuestro pasado

La doctora Charlotte Witvliet es una destacada investigadora en el ámbito del perdón, en particular de la fisiología del perdón o, en otras palabras, de la manera en que el perdón y la falta de perdón nos afectan físicamente. Ella escribe lo siguiente:

Ante una ofensa, las personas con frecuencia rumian sobre el dolor, experimentan y expresan rencor hacia el agresor, utilizan estrategias hirientes para lidiar con la respuesta al estrés y tratan de reprimir las propias emociones negativas y los sentimientos de vulnerabilidad.

La falta de perdón es como un imán que lleva a las personas a rumiar sobre las heridas del pasado, a exagerar esos relatos con adjetivos y adverbios amargos que provoquen menosprecio, a manifestar motivaciones de animosidad y venganza, a pensar una y otra vez en las características negativas del ofensor y en la ofensa, e incluso a tramar una serie de planes maliciosos y vengativos.[14]

Al rumiar, las personas intentan comprender qué les pasó y por qué, y también cómo podría haber sido su vida si no hubieran sido víctimas de esa situación. A menudo, decimos que ese es el juego de "¿Qué hubiera sido si...?". Esos pensamientos totalmente comprensibles a menudo pisan a fondo el acelerador de la falta de perdón y envían a nuestro cuerpo un torrente de hormonas del estrés, lo cual da credibilidad a las conclusiones de varios investigadores que aseveran que la falta de perdón es nociva. El doctor Everett Worthington, autor de más de veinticinco libros sobre el perdón, escribe: "La falta de perdón crónica provoca estrés. Cada vez que las personas piensan en su agresor, su cuerpo reacciona. Reducir la falta de perdón reduce el riesgo para la salud. De modo que si usted perdona, puede fortalecer realmente su sistema inmunológico".[15]

Hasta que nuestros recuerdos sean sanados mediante el perdón, lo que nos ocurrió seguirá afectándonos continuamente. Aunque los recuerdos dolorosos no vengan a la mente de manera consciente, eso no significa que se hayan ido. Los recuerdos esperan bajo la superficie, y hay muchas cosas que pueden provocarlos. Un neoyorquino no necesita ir muy lejos o hablar con muchas personas para recordar el 11 de septiembre. Ver la nieve puede hacerme recordar mi accidente con la moto de nieve. Y ver un lago o una lancha de esquí rápidamente me recuerda mi accidente en lancha. Un divorciado tan solo necesita encender la televisión para encontrarse con numerosos desencadenantes que le traen a la mente recuerdos dolorosos.

He notado que los pacientes con cáncer a menudo tienen una "mente de mono" (ya sabe, la tendencia de saltar de un pensamiento al otro como si fueran las ramas de un árbol), y muchas veces les resulta difícil acallar sus pensamientos. A menudo se distraen con facilidad, y una mente de mono puede ser un campo fértil para que los pensamientos negativos rumien las heridas del pasado. La palabra *rumiar* significa literalmente "masticar el bolo alimenticio". Así como las vacas mastican el bolo alimenticio, nosotros masticamos nuestros recuerdos pasados.

Cuando masticamos nuestros recuerdos dolorosos, éstos llegan a ser parte habitual de nuestra consciencia. A menudo recordamos qué nos pasó y cómo fue, o tratamos de darnos cuenta de por qué pasó. Pensamos en distintas maneras de vengarnos y nos complace detenernos a pensar en las personas que nos lastimaron: en el mejor de los casos, les deseamos el mal y, en el peor de los casos, fantaseamos con hacerles daño. Pero en este proceso solo terminamos lastimándonos a nosotros mismos. Cada vez que nos acordamos de la persona o el acontecimiento que nos provocó dolor, volvemos a vivir la experiencia emocionalmente, junto a todos los efectos secundarios potencialmente nocivos.

Recuerdos y metáforas

Una advertencia sobre los recuerdos: no son tan precisos como podríamos llegar a pensar. Contrariamente a la percepción popular, nuestros recuerdos no son como las fotografías, con detalles captados con precisión, reflejados con sinceridad y rememorados con facilidad. La memoria se parece más a una colección de cuadros impresionistas de un pintor que se toma licencias considerables con el tema.

Es importante entender la flexibilidad de la memoria, porque los recuerdos que tenemos (en su mayor parte) han sufrido modificaciones: se han visto afectados por las percepciones, distorsionados por el dolor y a menudo caricaturizados para que se ajusten a una situación en la que nuestro papel sea tan positivo como podamos hacerlo.

¿Por qué hacemos esto? Para poder convivir con nosotros mismos. Nadie quiere pensar mal de sí mismo; por ese motivo tergiversamos los hechos y volvemos a plantearnos la situación de la manera más positiva para nosotros. Todos lo hacemos. Es una técnica de supervivencia emocional, que nos impide causarnos más daño del que ya nos hemos hecho.

Esto explica, en parte, por qué dos niños que viven en la misma casa pueden tener recuerdos muy diferentes sobre su infancia. El mismo conjunto de hechos, visto desde distintas perspectivas, se replantea y distorsiona constantemente; es un cuadro impresionista donde la verdad está mezclada con la pintura de la autoprotección, lo cual convierte el recuerdo en algo irreconocible para otros que estuvieron allí.

Según Dan Gilbert, autor de *Tropezar con la felicidad* (2006), otro factor para considerar es la manera en que almacenamos gran cantidad de recuerdos. Los recuerdos están condensados (piense en los archivos extensos de una unidad *zip*) y después les ponemos una etiqueta, por ejemplo, *buenos* o *malos*. La infancia está llena de una gran variedad de experiencias, algunas buenas y otras no tanto. El error que a menudo cometemos es colocarle una etiqueta a quince años de experiencias al referirnos a ella como una *niñez desdichada*, cuando en realidad tuvimos muchas experiencias buenas y felices en el camino.

A menudo, cuando trabajamos sobre el perdón, el recuerdo que intentamos sanar es una distorsión de lo que sucedió realmente. El proceso del perdón, por lo tanto, incluye volver a pensar en situaciones o relaciones pasadas para asegurarnos de que somos sinceros sobre lo que ocurrió y lo que no ocurrió. Independientemente de cómo hayamos distorsionado nuestros recuerdos, si son dolorosos, necesitamos sanarlos. La verdad puede hacernos libres, y lo hará.

El tiempo no cura las heridas emocionales

Hace unos años, mientras servía en una de varias iglesias del sur de Estados Unidos, conocí a una mujer joven de unos veinticinco años, que se había divorciado y se había vuelto a casar con un hombre realmente bueno. Además de nuestras charlas informales, me pidió sesiones de consejería en numerosas ocasiones. Cada vez que hablábamos, era sobre lo mismo: la manera en que su primer esposo la había violado sexualmente. Aunque eso había pasado cuando ella tenía unos dieciocho años, el tema surgía en casi todas sus conversaciones. Sencillamente, ella no podía dejar de hablar de ese tema. De hecho, en su papel como una de nuestras líderes de jóvenes, se las ingenió para hablar de eso al grupo de jóvenes bajo el pretexto de tocar el tema de una "violación durante una cita amorosa".

Una de las peores ideas falsas con respecto al tiempo es que cura todas las heridas. La verdad es que el tiempo *no* cura todas las heridas, en especial las heridas profundas. Cuanto más grave es el trauma, menor es la posibilidad de que el simple paso del tiempo sea de gran ayuda. James Pennebaker, profesor de psicología de la Universidad de Texas, en Austin, y autor de *Opening Up: The Healing Power of Expressing Emotions* [Cómo abrirse: El poder curativo de expresar las emociones], ha analizado en detalle, con el paso de los años, la relación entre la memoria y las emociones, así como también las emociones y su efecto sobre la salud (lo cual incluye su efecto sobre el sistema inmunológico). Aunque trataré el trabajo de Pennebaker más detalladamente en el capítulo 8, aquí haré una breve presentación de su importante investigación.

En un estudio clásico, Pennebaker y su equipo buscaron medir el beneficio (si es que existe) que conlleva escribir sobre los traumas que sufrimos en la vida, lo cual a menudo se denomina *terapia narrativa*. Dividieron en tres grupos a los estudiantes de primer año de una clase de psicología. A un grupo, el de referencia, no se le pidió que escribiera, para establecer un valor de referencia. A otro grupo se le pidió que escribiera cualquier cosa que le viniera a la mente. Al tercer grupo se le pidió que escribiera de manera específica sobre los traumas que habían sufrido en sus vidas, los cuales a menudo se relacionaban con traumas sexuales de la adolescencia.

Con el paso del tiempo, Pennebaker y su equipo establecieron una relación entre los datos y el número de veces que cada estudiante enfermó y fue a la enfermería. Como era de esperar, los estudiantes que escribieron de manera específica sobre sus traumas pasados casi nunca enfermaron, mientras que el grupo de referencia (los que no escribieron nada) fueron los que más enfermaron.

La conclusión a la que llegaron Pennebaker y su equipo, que guardarse las emociones negativas tiene relación con la supresión de la función inmunológica, ha sido el tema de muchos estudios posteriores. Para lo que nos compete, está claro que la falta de perdón consiste, básicamente, en guardarse las emociones negativas como el enojo, el dolor y el odio.

Algunas incongruencias

La investigación inicial para establecer la relación entre el estrés y la supresión del sistema inmunológico proviene de experimentos con animales. En un estudio, los ratones expuestos a situaciones estresantes mostraron una mayor incidencia de formación de tumores. De hecho, cuanto más ruidoso era el ambiente, más rápido crecían esos tumores. En otro estudio, se expuso a las ratas a descargas eléctricas en circunstancias diversas. Las que no tenían la capacidad de escapar se volvieron aletargadas e indiferentes, se mostraron indefensas y apáticas, de modo que perdieron la capacidad de resistir el cáncer.

¿Existe una relación directa entre datos de este tipo y los efectos del estrés en los seres humanos? Si usted les pregunta a los investigadores, probablemente recibirá una respuesta indefinida: tal vez sí, tal vez no.

Un estudio en particular dio a conocer una relación entre los principales factores estresantes y la aparición del cáncer de colon en seres humanos entre cinco y diez años después. Sin embargo, otros investigadores no están necesariamente de acuerdo con las conclusiones de ese estudio. Esto genera una situación que nos frustra y nos limita.

Permítame que sea claro: cuando se trata de medir los efectos del estrés en seres humanos (independientemente de que el estrés sea inducido en un laboratorio mediante descargas eléctricas o sea originado naturalmente por la falta de perdón), la previsibilidad de la respuesta siempre variará. Parte de lo que distingue a los seres humanos de otros animales es su capacidad de pensar, razonar y rumiar sobre el pasado, además de prever el futuro. Lamentablemente para la investigación sobre temas relacionados con el estrés, las personas son diferentes: partiendo de la misma información, pueden tomar decisiones muy diferentes y, de hecho, así sucede.

Cuando trabajo con mis pacientes, todos únicos y singulares, no doy por sentado que lo que ayudó a uno ayudará a otro. Cada uno de ellos busca ayuda, esperanza y comprensión y, por lo general, una salida al caos emocional y físico que los tiene atrapados.

El consejo que ofrezco está basado en evidencias, es decir, que los resultados provienen de investigaciones rigurosas; pero no se trata de una "píldora de perdón" que puedan tomar, y después todo irá bien. En la medida en que el estrés y el cáncer estén relacionados, parece poco probable que surja una cura milagrosa del cáncer, ya que cada persona reacciona de manera diferente a las mismas situaciones. Tal vez tengamos la misma estructura biológica; pero más allá de eso, todos reaccionamos de manera distinta frente a los diversos factores estresantes: lo que hace llorar a una persona hace reír a otra; lo que hace que una persona se deje morir hace que otra se ponga de pie para luchar. Lo único congruente en nosotros, como seres humanos, es nuestra incongruencia.

Incluso después de tener en cuenta la edad, el sexo, el tipo de personalidad y otros factores, el problema que sigue afectando a las investigaciones sobre las emociones humanas (incluido nuestro propio proyecto sobre el perdón) es la falta de previsibilidad. Parece que lo mejor que podemos hacer es reunir datos mediante observaciones y pruebas clínicas, analizar los hechos como se presentan, y luego sacar conclusiones generales basadas en evaluaciones rigurosas. En otras palabras, podemos sacar conclusiones específicas, pero no podemos ofrecer una solución adecuada para todos.

Otros problemas surgen de la dificultad de obtener información de los sujetos, en especial con respecto a la población de pacientes con cáncer. Es complicado llevar a cabo estudios a largo plazo debido a que muchos de los pacientes no sobreviven a la enfermedad; los estudios a corto plazo suelen tener un alcance limitado, por lo cual solo se puede llegar a conclusiones menos confiables.

No permita que perezca una buena hipótesis

El motor que impulsa las investigaciones de todo tipo es la *hipótesis*, es decir, una teoría o suposición razonable, y no se debería permitir que ese motor pierda el control. Siempre se lo debe mantener encarrilado mediante el escepticismo, la sospecha y la disposición a evaluar los resultados mediante preguntas razonables.

A menudo, cuando se trata de investigar un tema tan imprevisible como las emociones humanas (como en nuestra investigación sobre el perdón), el escepticismo está muy justificado. Una cosa es poner a prueba una hipótesis; pero otra completamente distinta es hacer caso omiso de las conclusiones obvias, aunque parezca difícil obtener pruebas suficientes y la certeza absoluta sea imprevisible.

Por ejemplo, algunos estudios llegaron a la conclusión de que la gran mayoría de las pacientes de cáncer de mama lo atribuyen a los efectos del estrés. En todo este capítulo, he aportado citas convincentes de médicos e investigadores creíbles que apoyan estas afirmaciones; pero ¿podemos probar totalmente que existe una relación? Algunos investigadores dirían que sí; otros, que no. ¿Significa esto que las que luchan contra el cáncer de mama están equivocadas? Ellas conocen su cuerpo antes, durante y después de la enfermedad; pero aun así es difícil trazar una línea definitiva entre el estrés y el cáncer.

Cuando sumamos el papel del estrés crónico ocasionado por reprimir o guardarse las emociones negativas (que es la esencia de la falta de perdón), la variable adicional dificulta bastante el sacar conclusiones. Sinceramente, es posible que esas conclusiones nunca se comprueben hasta el punto de complacer a un escéptico. Sin embargo, no debemos permitir que una buena hipótesis perezca en manos de un escepticismo demasiado ansioso.

El doctor Herb Benson demuestra la teoría cuando dice: "Entre el 60% y el 90% de las consultas médicas se debe a enfermedades relacionadas con el estrés. Los efectos nocivos del estrés incluyen ansiedad, depresión leve o moderada, enojo y rencor, hipertensión, dolor, insomnio y muchas otras enfermedades relacionadas con el estrés".[16]

El doctor Benson es altamente acreditado y bien considerado, en especial en el círculo de la medicina mente-cuerpo. Su afirmación de que entre el 60% y el 90% de las consultas médicas está relacionada con el estrés parece impresionante y convincente, pero no muy precisa. Sin embargo, lo que podemos deducir es que el estrés parece enfermar a muchas personas. Si ésa es la idea, estoy 100% seguro de que él tiene razón.

Si usted desea una buena calidad de vida

Este libro no trata fundamentalmente acerca del estrés, del cáncer o de Dios. En cambio, es un texto elemental sobre la paz personal que se obtiene a través del perdón y un estudio de la influencia del perdón en las relaciones humanas. Para cerrar este capítulo, diré lo mismo que les digo a mis pacientes: tengo cincuenta y ocho años y no voy a llegar a los ciento cincuenta y ocho. Ni usted tampoco. La muerte nos espera a todos. Pero me he comprometido a disfrutar de la vida hasta el último aliento. Estoy decidido a beber hasta la última gota de la copa de la vida. Y si llego a ver que camino con dificultad a través del pozo de brea del enojo y el odio, haré todo lo posible por deshacerme de ese sucio pegote para poder vivir la vida gozosa que Dios quiere para mí. Tal vez no viva para siempre en mi cuerpo terrenal, pero puedo tomar decisiones sobre la manera en que vivo. Algo que decidí es negarme a estar enojado con los demás, incluso con Dios. El perdón es la llave que abre la puerta.

Capítulo 8

EL CÁNCER Y EL TRAUMA EMOCIONAL

Internamente, la herida emocional también afecta a procesos extremadamente vitales... Una herida psicológica desencadena los mecanismos de respuesta al estrés: liberación de cortisol, adrenalina y factores inflamatorios, junto con una disminución del sistema inmunitario... Estos mecanismos de estrés fisiológico pueden contribuir al crecimiento y a la diseminación del cáncer.

DAVID SERVAN–SCHREIBER, MD, PHD, *CANCER AND THE EMOTIONAL WOUND* [EL CÁNCER Y LA HERIDA EMOCIONAL]

DESPUÉS DE COMPLETAR nuestro programa del perdón, Linda, una de mis pacientes, me escribió una carta.

Reverendo Barry:

En los últimos años, he arrastrado muchos sentimientos negativos hacia algunas personas que conozco. Sabía que eso era perjudicial para mi vida, pero no sabía cómo arreglarlo. Después de la reunión que tuve con usted la semana pasada, hice lo que me pidió: escribí un diario sobre mis sentimientos. Los primeros dos días, me detuve tres veces al día a escribir en mi diario durante veinte minutos cada vez. Cuando empecé estaba amargada y enojada; después pude ver a los individuos como [personas] y empecé a aclarar mis sentimientos y a perdonarlos por lo que me habían hecho.

Estaba asombrada por la libertad que experimenté al dejar atrás el dolor. Una vez que vi el perdón desde otra perspectiva, comprendí que, así como nosotros queremos que Dios nos perdone, debemos perdonar a otros. [Cuando yo no perdonaba] a mis ofensores, ellos no recibían ningún castigo. En cambio, yo era prisionera de mis propias emociones negativas. Cuando los perdoné, fui libre. ¡Qué concepto tan maravilloso!

Ahora puedo usar toda esa energía para sanar mi mente, mi espíritu y mi cuerpo. Esta es una manera mucho más positiva de gastar la energía.

Quiero agradecerle a usted y a su personal todo el apoyo que me han brindado...

Atentamente,

Linda

El testimonio de Linda responde la pregunta "¿Existe una relación entre el cáncer y la falta de perdón?" con un *sí* rotundo.

El doctor Robert Scaer, en su obra fundamental *The Trauma Spectrum* [El espectro del trauma], afirma que el sistema endocrino (y la hormona cortisol en particular) está estrechamente relacionado con el sistema inmunitario: "Los niveles elevados de cortisol inhiben la respuesta inmunológica. La mayoría de las enfermedades que se caracterizan por un funcionamiento anormal del sistema inmunológico está muy relacionada con el estrés psicológico".[1]

El doctor Donald P. Braun, PhD, vicepresidente de Investigaciones Clínicas para los Centros para el Tratamiento del Cáncer de Estados Unidos corrobora la afirmación del Dr. Scaer.[2] El Dr. Braun observa:

El mayor efecto en cualquiera que haya experimentado la intervención del perdón es la sensación de paz, la sensación de soltar algunas cosas que tal vez había estado arrastrando durante gran parte de su vida. ¿Cuáles serían las consecuencias a nivel fisiológico? Sin duda, una notable disminución de la ansiedad, una disminución considerable de las hormonas y los mediadores que influyen sobre los estados psicológicos como la depresión. Sabemos que los pacientes que sintieron el tipo de paz que pueden producir las intervenciones del perdón, tendrán menos problemas de náuseas, menos dificultad para sanar sus heridas y... una mayor capacidad para luchar contra el cáncer con su sistema inmunitario. Y eso también significa que si nosotros podemos controlar los niveles de ansiedad y los niveles de cortisol en la sangre de los pacientes, creemos que la médula ósea se recuperará mejor.[3]

Aparte de la ayuda a las personas que están en tratamiento activo contra el cáncer, considere la vida *después* del cáncer. Braun observa:

Una de las cosas que nos comprometimos a hacer con nuestros pacientes es *prepararlos para que sean sobrevivientes.* Sabemos que cuando finalice el tratamiento, muchos de nuestros pacientes estarán curados o tendrán largos períodos de remisión del cáncer. Por lo tanto, necesitamos, de todas las maneras posibles, preparar su cuerpo para que esté en condiciones de resistir la reaparición del cáncer.[4]

Las últimas investigaciones llegaron a la siguiente conclusión:

Durante un período extenso de tiempo, la falta de perdón se puede experimentar como un conjunto de emociones negativas que dan como resultado una cadena de respuestas biológicas y cerebrales. Las conclusiones acerca de la respuesta hormonal del cuerpo frente a la falta de perdón revelan que ésta se ve reflejada en determinados niveles de cortisol, en la producción de adrenalina y en el equilibrio de las citocinas…, con patrones similares al que presentan las personas que viven con altos niveles de estrés. Se sabe que estos patrones hormonales comprometen el sistema inmunitario… con la consecuencia a largo plazo de provocar varias enfermedades crónicas relacionadas.[5]

Es acertado concluir que, si la falta de perdón provoca estrés psicológico al reprimir las emociones negativas, se bloquea el sistema inmunitario, lo cual tiene consecuencias negativas para la salud, incluso la posible aparición del cáncer.

Como sabemos, la falta de perdón implica rumiar los recuerdos dolorosos. Esto crea una cadena de actividades muy previsibles al nivel físico (también al nivel espiritual, pero me ocuparé de ese tema en otro capítulo), a menudo porque nos *sentimos* indefensos y sin recursos. Pero no lo estamos.

Nos sentimos indefensos o sin recursos ya sea porque, por diversas razones, *no estamos motivados* para perdonar, o bien porque *no sabemos cómo* hacerlo. De cualquier manera, nos encontramos atrapados por nuestra propia falta de deseo de vivir con entusiasmo, adictos al torrente de emociones provocado por pensamientos vengativos o sin el conocimiento necesario para escapar de nuestros recuerdos dolorosos… y, muchas veces, por las tres razones mencionadas.

Con el tiempo, la catarata de odio y enojo provocará un "desgaste fisiológico": la erosión del cuerpo, la mente y el espíritu. Un flujo constante de adrenalina y cortisol pueden afectar —y afectarán— al aparato cardiovascular, y creará la posibilidad de una enfermedad cardíaca. Esto puede impedirle ser la persona más feliz de la tierra; puede inhibir el desarrollo de relaciones íntimas; puede provocar que su sistema inmunitario funcione mal, por lo cual es muy posible que sucedan cosas malas en su cuerpo… y, de hecho, sucederán. Esto puede acortar su vida aquí en la tierra.

Esto se parece a fumar cigarrillos, que podría no provocarle cáncer; pero conviene prestarle atención a la lista completa de consecuencias negativas. Fumar aumenta el riesgo de padecer

- cáncer de pulmón
- otras enfermedades pulmonares, como el enfisema
- otros tipos de cáncer, como el cáncer de boca, de cuello uterino y de vejiga
- enfermedades cardíacas
- apoplejías
- úlceras
- fracturas de cadera
- trastornos del sueño
- aparición más frecuente de resfriados y otras infecciones respiratorias.

Tal vez, una persona fume durante décadas y nunca contraiga un cáncer. De la misma manera, puede ser que una persona llena de enojo nunca contraiga la enfermedad. Pero, a la luz de lo que ya sabemos sobre la relación entre el tabaco, el cáncer de pulmón y las enfermedades vinculadas, fumar no tiene sentido. Lo mismo sucede cuando guardamos odio y rencor, cuando optamos por no perdonar.

Puede que la elección entre la falta de perdón y el perdón no sea la elección entre la apatía, la indiferencia y la pereza, por un lado, y la felicidad y el entusiasmo de la vida, por el otro. Pero la biología del estrés sugiere que existen mejores maneras de vivir. *Si* lo que usted desea es tener una vida saludable y bien equilibrada, puede utilizar mecanismos de supervivencia y desarrollar una serie de cualidades.

Tal vez nos resulte útil un análisis más detallado de la palabra *medicina*. Su raíz es la palabra *med*, que es el equivalente en latín de la palabra *medio*. Cuando nos sentimos descompensados acudimos al médico, quien nos receta medicamentos para que volvamos al estado de homeostasis, equilibrio y armonía: *de vuelta al medio*.

El otro día fui a hacerme el examen médico anual y me enteré de que necesito elevar considerablemente mi nivel de vitamina D. Los niveles bajos provocan cansancio. No es fácil mantener el equilibrio en la vida, pero las consecuencias de vivir una vida desequilibrada no me resultan atractivas. Espero que usted esté de acuerdo con el hecho de que el esfuerzo necesario para lograr una vida equilibrada, aunque a veces cueste, vale la pena.

¿Qué es el perdón?

Antes de continuar con nuestra exposición sobre la falta de perdón, deberíamos responder a una pregunta totalmente diferente: ¿qué es el *perdón*?

Responder a esta pregunta, en cierta manera, es como describirle un pastel de chocolate a alguien que nunca probó un pastel. Una respuesta simple como: "es dulce", no describe el pastel ni tampoco explica la experiencia en detalle; se necesitan muchas descripciones, e incluso éstas son insuficientes cuando se las compara con la experiencia de probar una porción de pastel de chocolate. Lo mismo ocurre cuando definimos el perdón.

La respuesta bíblica es que el perdón es *el pago de una deuda*,[6] pero ésta plantea más preguntas de las que responde y es tan poco satisfactoria como simple. Las palabras nunca podrán describir por completo el perdón ni la experiencia emocional asociada a él.

El perdón es una *transacción emocional unilateral* en la que el pago de la deuda de una persona produce una profunda sensación de paz en la persona que perdona. Existe un elemento paradójico en el perdón, dado que "cuando un individuo deja atrás su enojo, su odio o su necesidad de venganza, es él mismo quien se sana", según escribe Barbara Elliott.[7]

Para decirlo de otra manera, el perdón nos da la capacidad de desearle el bien a alguien y hacerlo sinceramente, aunque nunca queramos o necesitemos volver a ver a esa persona. Para perdonar a alguien no es necesario que esa persona nos caiga bien. Sin duda, algunas personas son tan tóxicas que son totalmente desagradables y, por nuestro propio bien, no deberíamos volver a verlas. Jayne, por ejemplo, se esforzó mucho para perdonar a los hombres que secuestraron a su esposo, pero no tiene por qué volver a enfrentarse a ellos. Y tal vez Rich nunca vuelva a hablar con su primo.

Es posible que usted nunca vuelva a ver a la persona que lo lastimó, pero esto no significa que no pueda susurrar en lo secreto de su corazón estas palabras: "Te deseo el bien, y le pido a Dios que no me causes más daño ni a mí ni a otras personas. Que te vaya bien".

La persona que puede decir estas palabras:

- sabe que le han hecho daño;
- no lo está excusando ni le está restando importancia;
- se niega a dejarse consumir por el enojo o pensamientos de venganza; y
- deja la reparación del daño en las manos de aquellos que tienen la responsabilidad de impartir justicia.

En esencia, esto es el perdón.

Hace poco escuché un sermón en el cual el pastor contaba la historia de uno de sus juegos preferidos de la niñez: "la bomba de tiempo". La bomba de tiempo es un juego en el que se da cuerda a una gran "bomba" de plástico y ésta comienza a hacer tictac. La idea es pasar la pelota que hace tictac alrededor de un círculo con la esperanza de que estalle mientras otro la sostiene.

¿No es divertido ver que otro "estalla"? Cuando alguien nos lastima, a menudo queremos vengarnos y lastimarlos. ¡*Queremos* que ellos estallen!

Sin embargo, el perdón no implica recibir la mala acción de alguien y guardarnos la pena y el dolor en nuestro corazón, lo cual sería como aferrarse a la bomba de tiempo. Tampoco implica volver a arrojarla a esa persona, que es lo que quiere la mayoría de nosotros; ni significa pasársela a otro, que es la naturaleza del dolor; algo que afecta a los que están más cerca de nosotros. Antes bien, deberíamos desactivar la bomba de tiempo con un acto de amor. No la vuelva a pasar. No lo haga. Desactívela con el perdón para que no le haga daño ni a usted ni a otros.

Cuando quedamos enredados

Durante la temporada de apareamiento, algunos ciervos machos entrechocan sus cabezas y, accidentalmente, quedan enredados por sus cornamentas. Incapaces de desenredarse, ambos ciervos terminan muriendo, ya sea por agotamiento o por deshidratación. ¿Cuántos de nosotros quedamos enredados con la cornamenta de otros, a tal punto que terminamos causándonos un gran daño a nosotros mismos? No tiene sentido, pero sucede todo el tiempo. Lamentablemente, podemos quedar emocionalmente enredados con aquellos que nos lastimaron, incluso mucho tiempo después de separarnos físicamente.

El perdón se puede entender mejor como un proceso que comienza con la decisión de perdonar al autor del daño, y termina como una liberación emocional del enojo o el odio. Usted sabrá que perdonó cuando una sensación de serena indiferencia o neutralidad reemplace a su odio o a su enojo.

La emoción de perdonar es similar al sentimiento que podríamos tener hacia personas que nunca hemos conocido; puesto que si no las conocemos, no hay motivo para odiarlas o estar enojados con ellas, sino que sencillamente las trataríamos con educación y respeto. Si a un extraño se le cayera un lápiz, la mayoría de las personas probablemente se agacharía, lo levantaría y se lo devolvería sin sentir ningún tipo de atracción o cariño hacia esa persona. La palabra griega para esa clase de sentimiento es *phileo*, de donde deriva la palabra Filadelfia, la ciudad del amor fraternal. Creo que eso es lo que Jesús tenía en mente cuando habló de perdonar de todo corazón (Mt. 18:35).

Por lo tanto, el objetivo del perdón es reemplazar el sentimiento tóxico del odio por el sentimiento del amor, que es más vivificante, menos letal y más neutral. El sentimiento nace de una serena indiferencia bien intencionada, que nos permite realmente desearles lo mejor a aquellos que nos lastimaron.

¿Qué es la falta de perdón?

En su libro *Unspoken Sermons* [Sermones tácitos] (1867), George MacDonald escribe: "Posiblemente sea infinitamente mejor asesinar a un hombre que negarse a perdonarlo. Lo primero puede ser un impulso; lo último es una decisión del corazón". Por ende, la falta de perdón es lo opuesto a la serena indiferencia o al perdón de todo corazón. Es un estado mental que representa enojo, venganza y odio hacia la persona que nos lastimó. Es un estado de ánimo en el que la víctima, por ciertos motivos, se queda emocionalmente enredada, atrapada en una red. Mientras permanece atrapada en esa red, reprime sus sentimientos negativos y en vez de enfocarse en emociones más positivas (como la felicidad y el gozo), se dedica a rumiar las heridas del pasado, lo cual constituye una fuente de estrés crónico.

Desde un punto de vista secular, el perdón brinda beneficios para la salud mediante la curación de los recuerdos dolorosos. Desde el punto de vista religioso, el perdón ayuda a restaurar la paz con Dios y nuestro prójimo. Como enseña el Corán:

> ...quien perdone y se reconcilie recibirá su recompensa de parte de Alá. Él no ama a los impíos.[8]

La Biblia lo expresa de esta manera:

> Si alguno dice: Yo amo a Dios, y aborrece a su hermano, es mentiroso. Pues el que no ama a su hermano a quien ha visto, ¿cómo puede amar a Dios a quien no ha visto?[9]

Por ese motivo, muchas (o la mayoría) de las religiones del mundo consideran que perdonar es hacer lo correcto. Independientemente de los beneficios para la salud, el perdón es un aspecto muy valorado de la fe.

¿Hay alguna relación entre el cáncer y la *falta* de perdón?

¿Hay alguna relación entre el cáncer y la falta de perdón? Creo que sí; las investigaciones confirman que hay una relación, y mis pacientes estarían de acuerdo, dado que sus testimonios lo han demostrado. Esto es lo que se puede afirmar con un cien por ciento de exactitud, según mi experiencia y mis investigaciones confiables:

1. La falta de perdón no *provoca* cáncer.
2. El perdón no *cura* el cáncer.
3. El estrés no provoca cáncer; pero la manera en que lidiamos con el estrés mediante las decisiones de nuestro estilo de vida (como tomar alcohol, fumar, reprimir las emociones negativas y otros comportamientos que ponen en riesgo nuestra salud) está muy relacionada con diversas enfermedades, incluso el cáncer.
4. La falta de perdón implica la contención de emociones negativas.
5. La contención de emociones negativas puede desencadenar un estado de estrés crónico.
6. El estrés crónico puede inutilizar la capacidad del cuerpo de defenderse a sí mismo de las enfermedades.
7. Muchos de mis pacientes han sentido una paz personal renovada o una "sensación de alivio", y creen que eso ha tenido un efecto positivo sobre su capacidad de combatir la enfermedad.

Cada una de las personas cuyas historias he relatado daría fe de que su odio provocó, en gran medida, su enfermedad. Basándome en la investigación que he presentado, no tengo motivos para dudar de las creencias o la intuición de estas personas. Después de todo, conocen su cuerpo mejor que nadie.

Recuerde lo que dijo Jayne con respecto a su experiencia: "Sentí una enorme oleada de alivio, como si me hubieran quitado de los hombros todo el peso del mundo. Fue asombroso. Me sentí mucho más aliviada." Además, para sorpresa de Jayne, sintió más alivio en la parte del cuerpo afectada por la enfermedad. "Literalmente, salió de mi pecho", dijo ella con una sonrisa.

Sin duda, la experiencia de Jayne le provocó una transformación emocional interna; e independientemente de cómo calificara otra persona esa experiencia, a ella le cambió la vida.

Por lo tanto, si mis pacientes me dicen que su enojo y su odio interiorizados tienen consecuencias para la salud, ¿quién soy yo (o cualquier otra persona) para discutir sobre su autoevaluación? En especial, cuando sus autoevaluaciones guardan una estrecha relación con la opinión de investigadores como Keith J. Petrie, Roger J. Booth y James Pennebaker, que ha escrito: "Cuando una persona reprime sus emociones como respuesta ante las situaciones difíciles, podría estar incrementando el riesgo de contraer cáncer".[10] Como hemos visto, la falta de perdón reprime las emociones negativas.

Por otra parte, puede que otros biocientíficos e investigadores dentro del ámbito del perdón no estén tan de acuerdo. Sus razones se encuentran dentro del teorema del método científico: ¿se puede medir, predecir y reproducir?

No hay nada en el relato de Jayne que se pueda medir, predecir o reproducir. En realidad, tampoco lo hay en las experiencias que he relatado de otros protagonistas. Sin embargo, ¿existe algún criterio de referencia que pruebe indiscutiblemente la relación entre la *falta de perdón* y las *consecuencias para la salud*?

La respuesta es *sí*. Pero ¿existe algún criterio de referencia que muestre la relación entre *la falta de perdón* y el *cáncer*? Para ser justos con las exigencias de los investigadores científicos y aquellos que exigen datos fidedignos, la respuesta es: *probablemente*.

Por otra parte, mi respuesta es *sí*.

He presentado argumentos y los sigo presentando, mediante el uso de la información disponible, la sabiduría de otros expertos y el sentido común. Mantener mi credibilidad como investigador mientras tomo en serio las creencias y experiencias de mis pacientes (por no mencionar mis experiencias personales con el perdón y mis propias creencias religiosas), se ha convertido en un acto de malabarismo.

Alex H. S. Harris y Carl E. Thoresen, investigadores dentro del ámbito del perdón, afirman que "el concepto de la falta de perdón relacionada con los riesgos para la salud constituye un pequeño avance. Sin embargo, habría que prestar atención a los detalles".[11] Pero también aprendí que los grandes avances se obtienen al ahondar en los detalles, y esto se vuelve más obvio cuando nos encontramos con la verdad.

Los detalles, combinados con las experiencias poderosas (si no milagrosas) de vidas que han cambiado, tal vez no sean suficientes para convencer a algunos escépticos. Dejaré que usted mismo decida. Pero mientras decide, he aquí algo para tener en cuenta: "Igual que cada faceta de la fisiología corporal, el continuo entre la función óptima, normal y desfavorable es sutil. De igual modo, podemos decir que la línea entre la salud y la enfermedad es fina".[12]

¿Quién sabe dónde se traza la línea que divide la posibilidad de sobrevivir o no sobrevivir al cáncer? ¿Existe un punto en el que la enfermedad cruza la línea de supervivencia y se convierte en muerte segura? ¿Existe un punto en el viaje de un paciente de cáncer donde se enfrenta a la encrucijada proverbial? ¿Existe un momento en el que, si intentara uno u otro tratamiento, podría llegar a tener un desenlace mejor, o significativamente mejor? ¿Dónde se traza exactamente la línea entre los que sobreviven y los que no?

Dondequiera que se trace la línea, el perdón es uno de los pasos más útiles en el viaje para cruzarla, vencer la enfermedad y unirse a las filas de los que sobreviven durante un tiempo prolongado.

Conclusiones recientes de las investigaciones sobre el perdón

La doctora Christina M. Puchalski es la fundadora y directora del George Washington Institute for Spirituality and Health [Instituto George Washington de Espiritualidad y Salud] y profesora auxiliar en la Facultad de Medicina George Washington. En uno de sus útiles artículos, resume las últimas investigaciones sobre la falta de perdón e identifica algunas de las características comunes de las personas que no perdonan:

- aumento de síntomas de ansiedad
- aumento de paranoia
- aumento de narcisismo
- aumento en la frecuencia de complicaciones psicosomáticas

- aumento en la incidencia de enfermedades cardíacas
- menor resistencia a las enfermedades físicas
- aumento en la incidencia de la depresión y la insensibilidad hacia los demás.[13]

Asimismo, escribe que el perdón deriva en:

- menos ansiedad y depresión,
- mejores desenlaces clínicos,
- mejores formas de lidiar con el estrés, y
- más cercanía a Dios y a los demás.[14]

A continuación, se enumeran algunas de las conclusiones a las que llegaron otros investigadores.

Se descubrió que el perdón está *relacionado significativamente con conductas fundamentales para la salud.* De 91 pacientes [con VIH/SIDA] con prescripción médica de antirretrovirales, el hecho de no sentirse perdonados por personas que consideraban importantes se asoció a una omisión significativamente mayor de las dosis de medicación la semana anterior.[15]

Interpretación: El sentimiento de falta de perdón puede provocar desinterés por el cuidado personal, lo cual, a su vez, puede derivar en un mal desenlace clínico. El odio, incluso el odio a uno mismo, a menudo logra dar en el blanco, y nos lastima en muchos niveles.

Ayudar a los pacientes a lidiar no solo con su enfermedad, sino también con las necesidades comunes e implícitas en el sentido espiritual, incluso el perdón, puede mejorar considerablemente *la calidad de vida junto con el desenlace clínico para el individuo y sus seres queridos,* y con costos mucho menores que cuando solo se realizan intervenciones médicas.[16]

Interpretación: Tratar temas relacionados tanto con el cuerpo como con el alma mejora la calidad de vida y reduce los costos sanitarios. La clasificación de las heridas emocionales de acuerdo a su urgencia, mediante intervenciones que faciliten el perdón ha demostrado ser una parte muy útil de este proceso.

La falta de perdón puede estar relacionada con desenlaces clínicos negativos, con la consecuencia de estilos problemáticos de lidiar con la vida, como la evasión o el consumo de drogas.[17]

Interpretación: El perdón es un mecanismo sumamente importante para sobrellevar las cosas. En otras palabras, ser capaces de perdonar nos ayuda a enfrentar los golpes y reveses de la vida. Sin la voluntad o la capacidad de perdonar, puede que superemos la dura prueba, pero no prosperaremos.

El doctor Stephen Locke, de la Facultad de Medicina de Harvard, llevó a cabo un estudio en el que comparó a personas que tenían un alto nivel de estrés y débiles mecanismos para lidiar con el mismo, con aquellos que tenían un alto nivel de estrés y fuertes mecanismos para lidiar con éste. Su investigación concluyó que aquellos con fuertes mecanismos para lidiar con el estrés producen una cantidad *tres veces mayor* de linfocitos o células NK [por las siglas de su denominación en inglés, *natural killer,* "letal por naturaleza" en español), que actúan como defensores en el frente de batalla contra las células cancerosas invasivas.

Según Locke, "al parecer, el efecto negativo del estrés sobre el sistema inmunológico puede persistir durante varios años de represión o inhibición de las emociones. En un estudio se observó que, más de cuarenta años después del Holocausto, la verbalización de la experiencia produjo un número significativamente menor de consultas médicas y problemas de salud entre los sobrevivientes durante el año siguiente, particularmente en aquellas personas cuyos relatos utilizaban las palabras de mayor contenido emocional".[18]

Clínicamente, es importante considerar el perdón en relación con los diversos tipos de estrategias que utilizan las personas para lidiar con el estrés generado por la falta de perdón. Los individuos que reprimen [las emociones], comen compulsivamente, fuman, abusan del alcohol y otras sustancias, y tienden a comportarse de manera agresiva, a retraerse y a rumiar dolores del pasado para lidiar con la falta de perdón serán identificados como pacientes con desenlaces clínicos adversos.[19]

Interpretación: El perdón es más que un mecanismo o una estrategia para lidiar con la vida; pero, como mínimo, es eso. El perdón da la oportunidad de gestionar mejor las emociones provocadas por las experiencias dolorosas y sus recuerdos, y la forma de gestionar las emociones es, con frecuencia, la clave para el tratamiento exitoso del cáncer.

En cierta ocasión le preguntaron a Sir Peter Medawar, el gran científico británico y ganador del premio Nobel de inmunología, cuál podría ser la mejor receta contra el cáncer. Su respuesta fue: "Una personalidad sanguínea".[20] Sanguíneo es una palabra que significa *alegre* o *esperanzadamente optimista*, y se relaciona con las emociones positivas como el gozo y la felicidad. Si el mejor tratamiento para el cáncer es un temperamento más alegre, entonces puede que la falta de perdón sea lo que evite que encontremos la paz. La falta de perdón sabotea nuestros mejores esfuerzos para encontrar sanidad y esperanza.

Es muy evidente que la capacidad de lidiar con los recuerdos dolorosos está relacionada con la exteriorización de sentimientos y experiencias negativos. Reprimir constantemente los sentimientos negativos afecta a la función inmunológica. En otras palabras, no se trata de si experimentamos mucho estrés (relacionado con el perdón o no), sino de cómo elegimos lidiar con él.

Sin embargo, debemos decir que el perdón tal vez sea el *mejor* mecanismo que conozcamos para lidiar con el estrés.

Investigaciones sobre el perdón en los Centros para el Tratamiento del Cáncer de Estados Unidos

Como director del departamento de cuidado pastoral de un prestigioso hospital para el tratamiento del cáncer, todos los días veo pacientes que han tenido, en muchos casos, una vida muy dura. Cathy, cuya historia relaté en el capítulo 4, fue una de ellos. Estos pacientes suelen hablar conmigo sobre los problemas de su vida. Muchas veces, sus problemas consisten en enojo y amargura no resueltos, por lo general relacionados con experiencias que tuvieron con amigos y familiares. Mis observaciones e inquietudes me llevaron a realizar un estudio formal sobre el perdón y su relación con los pacientes de cáncer.

Los matices de las investigaciones sobre el cáncer

En la investigación científica, una norma general es que *cuanto más grande, mejor*. Cuanto mayor es la cantidad de casos que se estudian, más creíble es la investigación a los ojos de otros investigadores y del público general. Por otro lado, *cuanto más extenso, mejor*. Cuanto más extenso sea el período de recopilación de datos, más probabilidades habrá de que las conclusiones se consideren lógicas y válidas. Por ejemplo, es más probable que se le dé más importancia a un estudio con 50.000 personas realizado en un período de tres años que a uno de 50 personas realizado en un período de seis meses.

Sin embargo, la misma naturaleza del tratamiento del cáncer a menudo imposibilita la realización de estudios prolongados, por motivos no tan obvios para los que no están familiarizados con las características del tratamiento del cáncer.

En primer lugar, la gran mayoría de pacientes de cáncer, por lo menos en los Centros para el Tratamiento del Cáncer de Estados Unidos, recibe tratamiento *ambulatorio*, lo cual significa que es habitual que un paciente llegue a las ocho de la mañana para ser sometido a un tratamiento de quimioterapia y se retire a las diez de la mañana o incluso antes. El tratamiento ambulatorio de los pacientes de cáncer tiene a menudo un curso imprevisible y rápido: momentos prolongados de espera seguidos por rápidas visitas a diversos profesionales de la salud, el tratamiento y, después, el regreso a casa. A veces, tan solo el hecho de localizar a un paciente ya es difícil, y mucho más lo es tener una conversación profunda sobre el perdón, por muy importante que ésta pueda ser para el paciente y para mí. Lamentablemente, el segundo obstáculo para las investigaciones prolongadas sobre el perdón es que no todos nuestros pacientes sobreviven a la enfermedad.

Por lo tanto, nuestro equipo decidió adaptar intencionalmente un proyecto de investigación que sería más breve y reducido de lo que preferiríamos, pero aún lo suficientemente extenso y grande para poder probar algunas de nuestras hipótesis y proporcionar resultados creíbles. Consideramos que nuestro proyecto no es más que un intento serio de comprender mejor las necesidades de nuestros pacientes, con el objetivo final de mejorar su calidad de vida, dotarlos emocionalmente para luchar contra la enfermedad y mejorar su función inmunológica.

Nuestro proyecto

Nuestra investigación se llevó a cabo con base en cuatro premisas fundamentales:

1. La represión de las emociones negativas (como aquellas producidas por la falta de perdón) generan estrés, lo cual a su vez puede tener un efecto potencialmente negativo sobre la función del sistema inmunitario.
2. Los pacientes de cáncer suelen reprimir las emociones negativas (véase las personalidades tipo C).
3. Los pacientes de cáncer hablan a menudo con los capellanes de guía pastoral acerca de temas relacionados con el perdón interpersonal.
4. Por lo tanto, las intervenciones del perdón beneficiarían especialmente a los pacientes de cáncer.

Durante un año y medio, nuestro equipo de guía pastoral hizo preguntas sobre las actitudes relacionadas con el perdón en el programa de orientación para nuevos pacientes, que dura treinta minutos e incluye un breve formulario de evaluación espiritual. Una pregunta del formulario se refería a cómo percibían los pacientes la necesidad de perdonar a sus anteriores profesionales de la salud, a Dios, a ellos mismos o a otros. **El 39% de nuestros pacientes identificaron por sí mismos problemas con el perdón, y aproximadamente la mitad de los entrevistados expresó una *gran* o *intensa* preocupación por el perdón en sus vidas.**

Estos resultados no son sorprendentes; de hecho, confirman en gran medida lo que ya sospechábamos. Sin embargo, desde una perspectiva *formal de la investigación,* los resultados no fueron de utilidad debido al método utilizado para recopilar los datos. Para cumplir con las estrictas normas gubernamentales para la investigación, tendríamos que haber recopilado los datos de la encuesta de forma anónima y voluntaria.

Cuando utilizamos una encuesta anónima/voluntaria, el porcentaje de nuestros pacientes que identificaron por sí mismos problemas con el perdón aumentó significativamente a un 61%, y aproximadamente la mitad expresó una *gran* o *intensa* preocupación por el perdón en sus vidas.

Partiendo de esta información, llegamos a las siguientes conclusiones:

1. El 61% de nuestros pacientes de cáncer sufre de la falta de perdón.
2. El 34% de los pacientes sufre de problemas grandes a intensos relacionados con el perdón.
3. Un alto porcentaje de pacientes no está dispuesto a admitir abiertamente durante su evaluación inicial que tiene problemas con el perdón.

Tal vez lo sorprenda, o no, que solo un pequeño porcentaje de pacientes busque programas relacionados con el perdón; la mayoría prefiere mantener el *status quo* y seguir su camino mientras se aferra secretamente al enojo y se niega a perdonar.

Reflexionar sobre estos datos generó un comentario por parte de uno de mis colegas de cuidado pastoral, el reverendo Robin Childs, que recordaba cómo había sido su experiencia como moderador de reuniones de orientación para nuevos pacientes. Al formular la pregunta sobre el perdón que figura en el cuestionario de evaluación espiritual para la orientación de nuevos pacientes (que es diferente a nuestra encuesta), Robin notó la frecuencia con la que los pacientes respondían que *antes habían tenido problemas para perdonar a* algunas personas, pero que *ya las habían perdonado.* El resto del equipo estuvo de acuerdo. Esa afirmación era una respuesta muy común, pero durante mucho tiempo había pasado inadvertida debido a nuestro intento para identificar a pacientes que *realmente* tenían problemas para perdonar.

Si tenemos en cuenta que muchos de nuestros pacientes llevan años luchando contra el cáncer, es perfectamente creíble que el diagnóstico de cáncer, junto con un posible pronóstico de muerte, motive a muchos a hacer algo que saben que deberían haber hecho (pero no hicieron) *antes de recibir su diagnóstico*: perdonar a los que los lastimaron para poder ser libres de su enojo y su odio.

Tal vez, podríamos realizar más investigaciones para comprender mejor los datos que obtuvimos, pero nuestro equipo confía en que muchos de nuestros pacientes de cáncer dirían: "¡No espere a enfermar de cáncer para perdonar a quienes le han hecho daño!".

Todos los pacientes que realizan nuestro programa parecen saber, en el fondo, que el perdón es importante. Muchos encuentran la paz que están buscando. Parecen percibir que existe una relación entre su enfermedad y la falta de perdón que han estado albergando. Después de experimentar el perdón, están mucho más convencidos de esto.

Solo hay dos opciones posibles para las personas que han experimentado heridas emocionales: pueden dejar su dolor en el pasado o seguir cargando con él. Si quieren dejarlo en el pasado, para que sus recuerdos ya no sean dolorosos, no tienen otra opción que perdonar a las personas que les hicieron daño.

¿Qué hace falta?

Hemos estudiado el significado del estrés y su relación con la función inmunológica. Hemos considerado cuidadosamente su relación con el perdón e investigado el concepto de la falta de perdón. Y con el ánimo de no dejar ninguna piedra sin remover, lo he invitado a considerar el perdón como una transacción en la que la proporción de ganancia/pérdida está notablemente a favor de los que están dispuestos a correr el riesgo de perdonar. La recompensa es una vida que recupera su equilibrio.

Frente a toda la evidencia presentada hasta ahora, la pregunta sigue siendo la misma: ¿por qué no hay más personas que busquen el perdón como una práctica beneficiosa en su vida? Después de todo, no hay resultados de investigaciones que sugieran que los pacientes con cáncer tengan más dificultades para perdonar que el resto de la población.

Pero como dijo una vez el psicólogo Edwin Friedman: "Los desmotivados son claramente más inmunes al conocimiento que los demás".[21]

Entonces, ¿qué hace falta para motivar a las personas a perdonar? Esta es la pregunta que intentaremos responder en el próximo capítulo.

El problema

*El inmenso malentendido de nuestra época es suponer
que el conocimiento dará resultados positivos en personas
que no se sienten motivadas para cambiar.*

EDWIN H. FRIEDMAN, *FRIEDMAN'S FABLES*
[LAS FÁBULAS DE FRIEDMAN]

Capítulo 9

LA BÚSQUEDA DE LA MOTIVACIÓN

¿Qué es la evasión?

La evasión es una reacción común frente al trauma. Es natural querer eludir los pensamientos o sentir emociones acerca de un hecho estresante. Pero cuando la evasión se lleva al extremo, o cuando es la principal manera de sobrellevar ese hecho, puede interferir con la recuperación y la sanidad emocional del individuo.

LAURA E. GIBSON, PHD, *"AVOIDANCE"* [LA EVASIÓN]
INFORMACIÓN DEL CENTRO NACIONAL PARA EL TRASTORNO
DE ESTRÉS POSTRAUMÁTICO

HASTA HACE UNOS CINCO años no había pensado realmente en escribir un libro acerca del perdón. Examiné la literatura disponible y descubrí que, en ese momento, todos los caminos parecían llevar a cuatro investigadores, uno de los cuales era Fred Luskin, autor de *¡Perdonar es sanar!* También es director del Proyecto Perdón de Stanford, que estudia la eficacia de sus programas de investigación entre personas que padecieron violencia en Irlanda del Norte,

Sierra Leona y los atentados del 11 de septiembre de 2001 en las Torres Gemelas.

Me aventuré a consultar la biografía del doctor Luskin en Google, marqué su número de Stanford y *¡Eureka!,* atendió el teléfono. No pudo haber sido más gentil mientras yo le comentaba mi interés en el tema del perdón y le contaba que estaba considerando la idea de escribir un libro al respecto. Aunque no me desalentó (bueno, tal vez un poco), dijo algo que nunca olvidaré, algo que me ha parecido cierto durante los muchos años en que he trabajado el tema del perdón con mis pacientes: "No hace falta otro libro sobre el perdón. Lo que hay que escribir es un libro que motive a las personas a querer perdonar".

Por supuesto, como pastor cristiano, lo primero que pensé fue: *Bueno, ese libro ya se escribió: es la Biblia.* Y aunque eso es cierto, la pregunta sigue en pie, y todavía me persigue: ¿Por qué las personas no están más motivadas *a perdonar?* ¿Por qué no hay más personas cuya pasión por una vida saludable los impulse y les dé fuerza para participar en programas sobre el perdón? ¿Por qué no hay más personas como los *amish,* que parecen adoptar el perdón como un estilo de vida? Es casi como si funcionaran con reglas distintas al resto de nosotros.

Resulta que el problema es la *evasión,* un síntoma muy común en personas que sufrieron y continúan sufriendo traumas debido al recuerdo de experiencias dolorosas.

Gran parte de mi investigación durante los últimos cinco o seis años ha constituido un intento de crear un programa eficaz para los que ya han encontrado la motivación para perdonar; pero sigo planteándome la pregunta, aparentemente sin respuesta, de por qué las personas no están más motivadas a perdonar, incluso después de saber cuáles son las consecuencias de la falta de perdón sobre la salud y cuál es el efecto espiritualmente nocivo de guardar enojo y odio.

En lo que se refiere a muchas de las preguntas más importantes de la vida, como por qué algunas personas sobreviven a su enfermedad mientras que otras fallecen, o por qué algunas oraciones parecen obtener respuesta mientras otras no, todos estamos ante un gran misterio. Nadie, ni siquiera los mejores médicos o teólogos del mundo, pueden dar una respuesta satisfactoria a estas preguntas. No me malinterprete. He formulado algunas respuestas, y a veces parecen bastante buenas; pero, ante la tragedia del ser humano y las oraciones no respondidas, la mayoría de las respuestas (incluso las mías) son insatisfactorias. La sabiduría antigua nos enseña:

"Porque mis pensamientos no son vuestros pensamientos,
ni vuestros caminos mis caminos, dijo Jehová.
Como son más altos los cielos que la tierra,
así son mis caminos más altos que vuestros caminos,
y mis pensamientos más que vuestros pensamientos".[1]

Hay ciertas cosas de la vida que escapan a nuestro conocimiento y comprensión, a pesar de los esfuerzos que hacemos por explicarlas. Cuanto más descubrimos sobre una cosa, más parece expandirse un universo de preguntas adicionales.

Una de las preguntas más misteriosas que encuentro a diario tiene que ver con la motivación humana; o sea, ¿qué hace falta para hacer que las personas hagan lo que saben que tienen que hacer? Comer bien o hacer ejercicio regularmente. Incluso hacer algo tan elemental como estar dispuesto a luchar por la propia vida. Las personas son misteriosas, y quizás lo que las motiva sea tan misterioso como ellas.

Una simple búsqueda en Google sobre las "teorías de la motivación" dio como resultado, entre otras, las siguientes teorías académicas sobre ella:

- *Teoría de las necesidades adquiridas:* Buscamos el poder, el logro o la afiliación a un grupo.
- *Perseverancia de la afectividad:* Nuestras preferencias persisten incluso después de ser invalidadas.
- *Coherencia entre la actitud y la conducta:* Es más probable que nuestras actitudes y conductas sean coherentes si se dan ciertos factores.

- *Teoría de la atribución:* Necesitamos atribuir una causa a los sucesos que nos rodean de una manera que respalde nuestro ego.
- *Disonancia cognitiva:* La incongruencia es molesta, por lo que buscamos cierta coherencia interna.
- *Teoría de la evaluación cognitiva:* Elegimos tareas según lo factibles que sean.
- *Teoría de la coherencia:* Buscamos el bienestar de la coherencia interna.
- *Teoría del control:* Buscamos controlar el mundo que nos rodea.
- *El sesgo de confirmación:* Estamos de acuerdo con aquello que respalda nuestras creencias y somos críticos de aquello que no.
- *Teoría ERG:* Buscamos satisfacer las necesidades de existencia, relación y crecimiento.
- *Teoría de la evasión:* Buscamos evadirnos de las realidades que no nos gustan.
- *Teoría del establecimiento de objetivos:* Nos motivan las metas claras y alcanzables, que constituyen un reto.[2]

Agreguemos a esta lista la jerarquía de las necesidades de Maslow, y todo lo que nos queda es hacer un gesto de incredulidad y preguntarnos si alguna vez podremos entender por qué hacemos lo que hacemos o, para ir más al grano, por qué no hacemos lo que sabemos que deberíamos hacer.

En lo profundo de nuestro ADN humano existe una doble hélice conflictiva y confusa que constantemente se manifiesta en conductas de auto-contradicción y auto-sabotaje. Con frecuencia nos sentimos desmotivados a hacer precisamente lo que sabemos que podemos y deberíamos hacer, o viceversa. La Biblia da testimonio de este fenómeno mediante las enseñanzas del apóstol Pablo, que escribe: "Porque el querer el bien está en mí, pero no el hacerlo. Porque no hago el bien que quiero, sino el mal que no quiero, eso hago".[3]

¿Por qué las personas hacen lo que hacen? Tal vez, algunas de las siguientes ideas lo estimulen a realizar la acción más importante que se requiere de los seres humanos: el *perdón.*

Sin remordimientos

De los muchos estímulos internos y sutiles que me impulsan a la acción, ninguno ha tenido mayor eficacia que el *remordimiento.* El temor también es un factor de motivación poderoso, pero está en segundo lugar. No puedo ni comenzar a explicar la intensidad de su influencia sobre mí; pero sé que, después de toda una vida de tomar decisiones, el remordimiento (o el deseo de evitarlo) a menudo ha sido el factor determinante en lo que he decidido hacer o no hacer.

Intento vivir mi vida sin remordimientos, y estoy seguro de que usted también. Probablemente tiene algo que ver con mi deseo de ser íntegro: el deseo de que mis acciones sean coherentes con mis palabras. Los poetas y los filósofos han captado esta idea, aunque tal vez nadie lo haya hecho mejor que Sydney J. Harris: "El remordimiento por las cosas que hicimos puede atenuarse con el paso del tiempo; lo que es inconsolable es el remordimiento por las cosas que no hicimos".[4]

El Reverendo y Doctor Bryant Kirkland fue mi profesor de homilética en el Seminario Teológico de Princeton, además de pastor de numerosas iglesias. Nunca olvidaré una afirmación que hizo un día: "¡La integridad triunfa!".

Por supuesto, tiene razón. El problema es que soy un ser humano con defectos, alguien incapaz de tener una vida perfectamente íntegra. Mi condición pecaminosa me obsesiona con recuerdos de mi pasado perdonado, pero no olvidado. De modo que, para mí, es una buena noticia oír que Dios ha perdonado mis pecados, me ha aceptado como un hijo amado y me ha adoptado como integrante de su familia… para siempre. A la luz del amor y la gracia de Dios, no puedo imaginar lo que sería presentarme delante de Él lleno de falta de perdón, especialmente al tener en cuenta las enseñanzas de Jesús sobre el perdón, en las que creo firmemente: "Y cuando estén orando, si tienen algo contra alguien, perdónenlo, para que también su Padre que está en el cielo les perdone a ustedes sus pecados".[5] La idea de pasar la vida lleno de enojo y odio sería suficiente para llenarme de remordimiento. La idea de pasar la eternidad lleno de enojo y odio sería una vida de remordimiento incesante. Remordimiento inconsolable.

¿En busca de una evasiva?

Algunas personas, incluso cristianos que creen en la Biblia, buscan evasivas ante el llamado de Dios a perdonar. Después de un seminario que impartí en una Iglesia Bíblica, una mujer de unos cuarenta años se me acercó bastante alterada y me dijo, casi de un modo provocador: "¿Y qué pasaría si el pecado que Jesús me perdonara fuera el de la falta de perdón?".

La situación era incómoda, por no decir algo peor, y yo tenía preparados algunos pasajes de la Biblia para defenderme, de ser necesario. Pero la había conocido antes del seminario, y sabía que recientemente había experimentado un divorcio muy traumático. Lo que ella realmente quería decir era: "¿Es necesario que perdone al crápula de mi ex marido?".

Además, sabía que no toda conversación es un momento apropiado para el aprendizaje, y no sentí la necesidad de insistir sobre ese asunto. Ser teológicamente correcto me pareció menos importante que ser compasivo. En ese momento, su dolor personal le impedía asimilar las verdades bíblicas que yo había presentado. La Biblia y sus enseñanzas estarán allí cuando ella esté lista para volver a tratar el tema, si alguna vez llega a estarlo.

Como esa mujer, muchos de nosotros buscamos evasivas y excusas para no hacer lo que sabemos que deberíamos hacer.

Motivados por las creencias religiosas

Durante los años que he dirigido programas sobre el perdón, he descubierto que la fe de una persona, incluso su actitud o su sistema de creencias, puede ser, y a menudo es, su fuente de motivación para perdonar. Russie es un buen ejemplo de una persona cuya fe cristiana la motivó a enfrentarse a un problema persistente en su vida. Como cristiano, diría que no tengo otra opción que perdonar. Además, diría que el cristianismo es incomprensible si se deja a un lado el perdón. La cruz, símbolo de la muerte sacrificial de Jesús y de su sacrificio propiciatorio, pierde el sentido sin el perdón. Sin ninguna ambigüedad, Jesús dice: "Porque si perdonan a otros sus ofensas, también los perdonará a ustedes su Padre celestial. Pero si no perdonan a otros sus ofensas, tampoco su Padre les perdonará a ustedes las suyas".[6] C. S. Lewis, el gran autor y ferviente defensor de la fe cristiana, lo expresó así: "Ser cristiano significa perdonar lo inexcusable, porque Dios ha perdonado lo inexcusable que hay en usted".[7]

Haciéndose eco de esta enseñanza de Jesús, el apóstol Pablo se refiere al perdón cuando nos recuerda: "Bendigan a quienes los persigan; bendigan y no maldigan".[8]

Dado que deseamos plantear un debate amplio sobre el tema del perdón, y no quisiera limitarlo de ninguna manera, le dejo a usted mismo la tarea de buscar un detalle exhaustivo sobre otras religiones. Sencillamente, no estoy cualificado para comentar con autoridad sobre las enseñanzas de otras religiones diferentes a la mía, la cual he intentado explicar con respeto y prudencia, y sin presentar ninguna apología.

Sin embargo, una afirmación que se puede hacer con certeza es que todas las principales religiones del mundo valoran la importancia del perdón, como se ve en este fragmento del *Mahabharata*, un poema épico del hinduismo:

El perdón es virtud; el perdón es sacrificio... Aquel que tiene conocimiento de esto es capaz de perdonarlo todo... El perdón es la verdad... el perdón es la santidad; y es por el perdón que se sostiene el universo. Las personas que perdonan alcanzan regiones solo accesibles a aquellos que han realizado sacrificios meritorios... El perdón es el poder de los poderosos; el perdón es sacrificio; el perdón es la quietud de la mente. ¿Puede alguien como nosotros dejar de lado el perdón, como tal, en el que están establecidos Brahma, la verdad, la sabiduría y el cosmos? El hombre sabio siempre debe perdonar, porque cuando puede perdonarlo todo, puede llegar a Brahma. El mundo es de aquellos que perdonan; la otra vida también es de ellos. Los que perdonan reciben honores en esta vida, y un estado de bendición en el más allá. Los hombres logran dominar su ira mediante el perdón, alcanzan regiones superiores. Por lo tanto, se ha dicho que el perdón es la máxima virtud.[9]

Aunque no practico el hinduismo, me impresiona su enseñanza acerca del perdón. Además, este poema parece tener puntos en común con la doctrina cristiana cuando dice que "las personas que perdonan alcanzan regiones solo accesibles a los que han realizado sacrificios meritorios".

El apóstol Pablo enseñó que los que normalmente albergan odio no entrarán en el reino de Dios.[10]

¿Es verdad que un corazón lleno de enojo y odio ponzoñoso, ya sea nuestro propio corazón o el de nuestros enemigos, destruye la comunión con Dios? Una vez, leí una pegatina en el parachoques de un automóvil que decía: "El cielo está lleno de seres perdonados, y también de seres que perdonan". Al fin de cuentas, de acuerdo con Mateo 6:14-15, son las mismas personas: un ser perdonado es aquel que encuentra el perdón, y encontrar el perdón nos convierte en perdonadores.

Dejando de lado el cielo, puedo afirmar, sin ninguna duda, que las personas que se encuentran atrapadas en el enojo, el odio y la falta de perdón sufren un infierno en vida. Me he comprometido a ayudar a las personas a experimentar un poco del cielo en la tierra, es decir, una vida llena de paz, gozo, gratitud y amor; la clase de experiencia de vida que describe Piero Ferrucci en su notable libro *El poder de la bondad*:

Atrás quedan el temor, la sospecha, el deseo de revancha. Perdonar llega a ser lo más fácil del mundo: no es algo que hacemos, sino algo que *somos*... Solo tenemos que darnos permiso para ser así.[11]

Los amish han encontrado la motivación de perdonar, como se vio tras el tiroteo mortal en la escuela de Nickel Mines, Pennsylvania, en 2006. Ser amish, según sus acciones y creencias, significa ser perdonador. ¡Qué bueno sería que todas las personas, incluso las que se autodenominan cristianas, tuvieran la misma paz y la fidelidad de los amish!

Algunas aclaraciones sobre la religión

En mi rol como director de guía pastoral, no impongo mis creencias religiosas a nadie. Todos nuestros programas de perdón en CTCE están abiertos a todas las religiones, y accesibles tanto intelectual como espiritualmente a personas de todos los sistemas de creencias, incluso a los que afirman no tener fe. Puedo hablar durante horas sobre los beneficios biológicos del perdón, sin mencionar siquiera el tema de la religión. Sin embargo, para los que profesan la fe cristiana, dejo que Jesús tenga la última palabra en cuestiones de fe, aunque eso pueda ofender a nuestra sensibilidad moderna.

¿Qué motiva a las personas en general, y de manera específica a los pacientes con cáncer, a querer trabajar en cuestiones interpersonales relacionadas con el perdón? Sabemos que las experiencias traumáticas suelen desorientar a las personas, y en ese estado mental es frecuente que también salgan a la luz otros asuntos clave. Para los pacientes con cáncer, el trauma de enfrentarse a una enfermedad que posiblemente ponga en riesgo su vida puede despertar el deseo de atender otros aspectos no resueltos de su vida. El cáncer en sus etapas finales a menudo desencadena conversaciones demoradas durante mucho tiempo entre los familiares y amigos. Según sugieren investigaciones recientes:

> El final de la vida es un crisol intensivo en el que los pacientes y sus familiares tienen cosas importantes que expresarse

entre sí. De este tiempo forman parte dos elementos de la vida cotidiana: las relaciones personales y la comunicación. Tener conversaciones sobre la relación y expresarse amor, gratitud o perdón pueden ser beneficiosos para la persona próxima a la muerte y para los que se consideren cercanos e importantes para ella.[12]

Me pregunto si no existe una necesidad inconsciente de hacer las paces con Dios, con los familiares de los que están distanciados y con otros, en un esfuerzo por "darle el toque final a la vida". Ciertamente, éste es un impulso motivador para algunas personas.

Quizás perjudiquemos a nuestros pacientes al privarlos de la enseñanza religiosa, que podría abordar dos de los principales obstáculos para el perdón: la falta de humildad y la falta de respeto por la autoridad.

Michael McCullough, Kenneth Pargament y Carl Thoresen han sugerido que las personas más propensas a no perdonar tienden a ser narcisistas: son personas egocéntricas, que a menudo tienen dificultades para verse como la fuente del dolor de otras personas. Lo que les falta de humildad, lo compensan con arrogancia y egocentrismo. Lo que a menudo hace falta para llevar a un narcisista a la humildad es una dosis de verdad. ¿Y qué mejor lección de humildad que ser confrontados con la verdad de que llevan una vida incoherente con lo que dicen creer?

Mi objetivo no es intentar vender los beneficios de tener *fe en la fe*, sino más bien intentar ayudar a los que tienen fe a volverse a conectar con la fuente de esa fe. Tanto Russie como Rich son cristianos; pero no han permitido que su sistema de creencias les ayude a sobrellevar la ira. La fe, como muchos pueden atestiguar, puede ser una fuerza de motivación increíblemente poderosa. En el caso de los que no tienen fe en Dios, mi meta es amarlos y ayudarlos a sanar de dentro hacia fuera. Mi fe me exige sanar a los enfermos sin juzgarlos ni condenarlos. Si son cristianos, mi motivación es, en parte, cumplir con la Gran Comisión, "enseñándoles que guarden todas las cosas que [yo, Jesús] os he mandado".[13]

Una meta variable

En mi vida, la motivación ha sido una meta variable. Lo que me motivaba en la adolescencia ya no lo hacía después de casarme y tener hijos. Lo que me motivaba en ese entonces no necesariamente me motiva ahora que mis hijos ya crecieron y se fueron de casa. Lo que me daba mucho placer cuando era más joven, bueno… ahora no tanto. El único denominador común de toda mi vida ha sido el establecer metas. Siempre me he fijado y me he esforzado por lograr metas razonables y alcanzables. Es lamentable ver que algunas personas tienen que recibir un diagnóstico de cáncer para hacer una lista de "asuntos pendientes"… una lista de las cosas que quieren hacer antes de morir. Una de las lecciones que aprendí es que no tenemos ninguna garantía de que habrá un mañana. Los pacientes de cáncer lo saben muy bien. Es aleccionador pensar en el momento cuando Russie tomó conciencia de su situación y dijo: "Sea lo que fuere que he logrado hasta ahora, este podría ser el fin". Los que no tenemos cáncer también necesitamos aprender esta lección.

Hay gozo y felicidad en el proceso de alcanzar las metas, independientemente de cuán importantes o insignificantes sean. Un día me propuse renovar mi licencia de conducir. Me exigió cierto tiempo y esfuerzo; pero después de sufrir la molestia de salir temprano del trabajo, atravesar la ciudad, lidiar con el tránsito y esperar en la fila del Departamento de Tránsito, cuando quise darme cuenta había renovado mi licencia. Otra pequeña, pero importante, tarea a tachar de mi lista… y me hizo sentir bien.

Puede parecer trivial si tenemos en cuenta lo que hice; pero entendamos la idea: *Hay gozo al establecer y cumplir metas factibles.* La lección aquí no es esperar a recibir un diagnóstico de cáncer para hacer una lista de asuntos pendientes. Haga una todos los días. Y si siente la carga del enojo y el odio, no olvide agregar a su lista "perdonar a mis enemigos".

¿Qué le motiva a usted?

Este capítulo intentaba hacerle pensar en el alto precio de "cruzarse de brazos" con respecto a su falta de perdón, y alentarle a pensar en qué necesita para sentirse motivado a perdonar. Quizás lo motiven sus creencias religiosas. Tal vez, sea el aliento de sus familiares y amigos para combatir el cáncer, y luchar con uñas y dientes contra un recuerdo doloroso.

Fred Luskin tenía razón. Lo que necesitamos es un libro que motive a las personas a que *deseen* perdonar. Como cristiano, el libro que más me motiva ya se ha escrito; es decir, que me encuentro entre los que creen que la Biblia es la Palabra de Dios y la máxima autoridad de la fe y de la conducta.

¿Qué o quién le motiva a usted?

Los obstáculos

Y se dirá:
«¡Construyan, construyan, preparen el camino!
¡Quiten los obstáculos del camino de mi pueblo!»
Porque lo dice el excelso y sublime,
el que vive para siempre, cuyo nombre es santo:
«Yo habito en un lugar santo y sublime,
pero también con el contrito y humilde de espíritu,
para reanimar el espíritu de los humildes
y alentar el corazón de los quebrantados».

ISAÍAS 57:14-15 (NVI)

Capítulo 10

ELIMINAR LOS OBSTÁCULOS PARA EL PERDÓN

Seamos realistas: la falta de perdón es una forma de cáncer que puede diseminarse por cada parte de nuestra vida. Nos quita el gozo, resta vitalidad a nuestras relaciones, rebaja nuestra calidad de vida y puede desencadenar conductas destructivas de todo tipo, incluso la más destructiva: el suicidio. Es pertinente hablar sobre el perdón mediante el uso de términos relacionados con el tratamiento del cáncer, aunque puede que sean necesarias algunas definiciones y explicaciones.

En el tratamiento del cáncer, algunos tumores son tan grandes y complejos que es imposible atacar todas sus complejidades a la vez. Dado que los tumores a menudo crecen en los órganos vitales y alrededor de ellos, su extracción demanda paciencia y persistencia. En la jerga del cáncer, "reducir la masa tumoral" significa disminuir el tamaño de un tumor, generalmente mediante radiación, quimioterapia o una combinación de ambas. Una vez que el tumor es más pequeño, por lo general los cirujanos pueden extirpar las partes restantes del cáncer. Reducir la masa tumoral vuelve la situación más manejable y aumenta las probabilidades del éxito.

Sanar las heridas emocionales mediante el perdón reviste una complejidad similar; por ese motivo, en este capítulo empeza-remos a eliminar los obstáculos para el perdón para que, en el capítulo siguiente, podamos identificar y extraer los obstáculos restantes.

La píldora más difícil de tragar: superar los aires de superioridad

Uno de los obstáculos más grandes (si no *el* principal) que deben superar las personas son los aires de superioridad o arrogancia moral respecto de las personas que les hicieron daño. ¿Por qué? Porque tenemos la tendencia a "demonizar" a nuestros enemigos. No queremos perdonar a un demonio. Preferiríamos destruirlo, y a menudo tenemos razones bastante buenas para justificar nuestros actos. Por ejemplo, ¿quién culparía a Jayne por pensar mal de los delincuentes que le arruinaron la vida? Todos la entendemos.

La cuestión es que nuestros enemigos no son demonios. Son seres humanos como nosotros. Al abordar el tema de la superiori-dad o arrogancia moral trataremos de darles un rostro humano a nuestros adversarios, sin lo cual sería casi imposible perdonarles. Sin confrontar los aires de superioridad totalmente comprensibles, muchas veces podemos estancarnos en una modalidad perjudicial y volvernos autodestructivos.

Decirle a alguien que tiene aires de superioridad es duro, y pedirle a alguien que lo admita puede ser demasiado. ¿Recuerda la reacción inicial de Jayne cuando le sugerí que quizás tenía que suprimir los aires de superioridad en su vida? El mero hecho de mencionárselo fue un golpe muy fuerte para ella. Insisto: la res-puesta de Jayne era totalmente comprensible y, en apariencia, justi-ficada. Lamentablemente, eso dificultaba su sanidad. De ese modo, ella podía aferrarse a su perspectiva de superioridad, y todos los que la rodeaban lo entenderían; pero eso le impediría perdonar.

Todos tenemos la capacidad innata de distanciarnos de nuestros adversarios; y desde esa distancia, a menudo nos permitimos emitir juicios sobre ellos. Un delincuente es un delincuente... pero tam-bién es un ser humano. Incluso el peor de los transgresores, aquel que ha cometido un error gravemente irreversible, sigue siendo un ser humano.

Además, ser humano significa que todos somos víctimas de la maldad de los demás *y*, lo más importante, también somos *victimarios*. Déjeme decirlo otra vez: ser humano significa que somos víctimas *y* victimarios.

Nadie se escapa de las consecuencias de ser humano o de las inevitables dificultades ocasionadas por convivir y estar rodeados de otras personas. Nos lastiman y lastimamos a otros. Mientras nos sigamos aferrando a nuestros aires de superioridad cuando hemos sido víctimas de algo, nunca podremos perdonar a quienes nos hicieron daño.

Cultivar un sentido de empatía, por pequeño y endeble que sea, hacia las personas que nos lastimaron es un puente fundamental que hay que cruzar. De un lado del puente se encuentran los que se creen moralmente superiores; del otro lado hay seres humanos imperfectos, con otros seres humanos que también lo son.

Un proverbio hindú

Con respecto a la creación de la empatía, la metáfora más poderosa que he encontrado proviene del *Mahabharata* hindú:

¿Qué puede hacerle una persona malvada al que lleva el sable del perdón en la mano? El fuego que cae sobre la tierra desprovista de hierba se extingue por sí solo.[1]

Yo explico la metáfora de la siguiente manera: imagínese que cae un meteorito del cielo en medio de un campo lleno de trigo seco. ¿Qué sucedería? Habría una explosión de fuego. Este es un concepto fácil de comprender. Ahora imagine que el mismo meteorito cae en medio de un desierto, a muchos kilómetros de cualquier tipo de vegetación. Caería contra el suelo seco y, aparte del impacto inicial, no se producirán mayores consecuencias. Ningún incendio, ningún daño. Solo una roca más en medio de la arena y de muchas otras rocas.

Ahora imagine que alguien nos arroja una especie de meteorito, una bola de fuego que se presenta en forma de una palabra áspera que nos dicen, o el secuestro de un esposo o cualquier otro tipo de experiencia emocionalmente traumática.

Si somos un campo de trigo, maduro para la cosecha... ¡FUEGO! Arderemos de enojo, resentimiento y pensamientos de venganza, y nuestros recuerdos del suceso servirán de combustible para las llamas. Pero, como nos recuerda el proverbio, el fuego que cae en la tierra desprovista de hierba se extingue por sí solo. ¿Es posible que nos convirtamos en "una tierra desprovista de hierba"? ¿Cómo podemos, en vista de las experiencias traumáticas que enfrentamos, resistir la tentación de encendernos de furia, enojo y odio? Y, además, suponiendo que nos hayamos enfurecido (lo cual es una respuesta común del ser humano), ¿cómo apagamos el fuego?

Para convertirnos en una tierra desprovista de hierba, más o menos refractario a los dolorosos meteoritos que nos lanzan desde cualquier dirección, debemos llegar a ser lo bastante humildes para reconocer nuestra humanidad; es decir, que somos tanto víctimas como victim*arios*, según las circunstancias. Otros nos hacen daño, pero nosotros también hacemos daño.

Yo lastimo a los demás, y usted también. No siempre lo hacemos intencionadamente; pero la cuestión central no son nuestras intenciones. Ya sea que nos lo propongamos o no, todos los días lanzamos meteoritos, que tienen el potencial de herir a alguien. En realidad, todos somos pirómanos. La verdadera pregunta es: ¿cómo vamos a combatir contra las bolas de fuego que nos lanzan? ¿Con fuego o con perdón?

Al reflexionar en su experiencia con personas que estaban luchando para poder perdonar, John Patton escribe: "El perdón, o algo parecido, sucedía cuando podían ver a las personas que los habían lastimado desde otro punto de vista, como personas diferentes".[2]

Mi experiencia ahonda un poco más en este concepto: *A menudo somos incapaces de ver a los demás como personas diferentes hasta que podemos vernos a nosotros mismos de manera diferente.* El perdón sólo puede tener lugar cuando nos vemos a nosotros mismos como personas diferentes. Mientras nos consideremos inherentemente mejores que los demás e incapaces de haber herido profundamente a alguien alguna vez, ya sea con nuestras acciones u omisiones, es imposible que encontremos la humildad necesaria para tener empatía con las faltas de otro ser humano.

Según un estudio de Julie Exline, "Las personas son más indulgentes con los transgresores si se consideran capaces de cometer ofensas similares", mediante el uso de métodos como "situaciones hipotéticas, recuerdos de ofensas reales, procesos individuales y grupales y diseños correlacionales y experimentales". Además, "tres factores median el vínculo entre la capacidad personal y el perdón: ver la ofensa del otro como menos grave; una mayor comprensión y empatía, y la percepción de uno mismo como alguien similar al transgresor".[3]

La Biblia enseña que nadie escapa al pecado, y que las malas obras pueden ser de *comisión* y de *omisión*. A veces la peor maldad, en realidad, no es lo que hacemos, sino nuestra decisión de no ofrecer la ayuda que podríamos dar. La Biblia enseña: "y al que sabe hacer lo bueno, y no lo hace, le es pecado".[4]

La verdad es que nadie se escapa de esta red. Ya sea al hacer algo intencionadamente para lastimar a alguien, o al negarnos a realizar actos de bondad y amor, nos vemos obligados a admitir que, igual que todos los demás seres de este planeta, no somos perfectos. Admitir nuestra propia humanidad es el comienzo del proceso de llegar a ser un "suelo desprovisto de hierba".

Los niños soldados y el Papa Benedicto XVI

Una de las verdades más aleccionadoras que enfrentamos es darnos cuenta de que, en las circunstancias adecuadas, somos tan propensos a la violencia, la maldad y la perversidad como cualquier otra persona. Por ejemplo, si hubiéramos crecido en Sierra Leona o Somalia, o en otra cultura en la que prevalece la violencia, probablemente nosotros también habríamos sido alcanzados por su influencia. Como me conozco bien, sería bastante arrogante sugerir que habría evitado participar de la violencia. Tiemblo al pensar en las opciones que enfrentan los "niños soldados" a la hora de masacrar a otros seres humanos. Puede ser tan simple como la autodefensa: si no se unen a la violencia, probablemente se convertirán en víctimas de ella.

Es ampliamente sabido que el Papa Benedicto fue miembro de las Juventudes Hitlerianas durante la Segunda Guerra Mundial, aunque solo de manera breve e involuntaria. Además, evitó causar daño a nadie. Sin embargo, no perdamos de vista lo importante. En otro lugar o con un poco más de tiempo, podría haberse visto obligado a tomar un camino diferente en la vida. Si de joven yo hubiera vivido en la Alemania nazi, probablemente también habría formado parte de las Juventudes Hitlerianas. Aún más aleccionador es el hecho de que el clero alemán, con algunas excepciones, cooperó claramente con el Tercer Reich.

Si hubiera nacido en una cultura dominada por secuestros, torturas y caos, ¿quién sabe qué hubiera sido capaz de hacer para sobrevivir? Es aleccionador pensar en cuán afortunado soy por haber crecido donde crecí, y cuán trágico es para otros jóvenes participar de hechos horrorosos que, en otras circunstancias, podrían haber evitado.

¿Recuerda la experiencia de Jayne? Ella llegó al punto de preguntarse: "¿Cómo es posible perdonar a personas tan despreciables?". Finalmente, comenzó a imaginarlos de niños, y lo que debió haber sido la vida de ellos para que crecieran y se convirtieran en seres humanos tan violentos.

Aunque la experiencia de Jayne fue espantosa, y su vida personal se vio literalmente invadida por malhechores empeñados en destruir cualquier cosa y a cualquiera que se les cruzara en el camino, su historia representa un porcentaje relativamente pequeño de la tragedia humana. Los asuntos relacionados con el perdón más frecuentes tienden a ser menos extremos: divorcios, traiciones, maltrato emocional, palabras malintencionadas fruto del enojo de una pelea, conductas crueles, pero no ilegales; en resumen, el tipo de cosas de las que todos somos potencialmente capaces si se presentan las circunstancias.

Aunque quizá no hayamos sido niños soldados, no debemos ser tan ingenuos de pensar que no tenemos oculto en nuestro ADN el potencial de haberlo sido, que acecha en las aguas turbias de nuestra mente inconsciente, con una meta principal: la supervivencia. La motivación a perdonar puede forjarse en el yunque de la supervivencia personal. Las personas pueden llegar a motivarse para superar el odio por los beneficios que esto trae a la salud y a la vida espiritual, y ése es un buen comienzo. Sin embargo, en el proceso, nuestros recuerdos nos ponen cara a cara con quienes nos lastimaron y, a menos que podamos encontrar cierto grado de empatía hacia ellos, muchas veces el progreso se detiene.

Créame, usted nunca querrá perdonar a un demonio, sino que buscará maneras de destruirlo, por lo menos en su subconsciente, y se sentirá justificado por hacerlo.

El reto es darles un rostro humano a aquellos que nos hirieron. Es posible perdonar a un ser humano con defectos, porque en lo profundo de nuestro ser sabemos, como Jayne se dio cuenta, que nosotros también tenemos defectos.

La cultura estadounidense

Aunque Estados Unidos no es Sierra Leona, de todos modos existen fuerzas culturales que influyen sobre nosotros, y demasiado a menudo constituyen obstáculos para nuestra motivación.

Perdonar exige un esfuerzo. Requiere tiempo, energía e intencionalidad. Por lo tanto, es importante que valoremos altamente el perdón y sus beneficios. Si nuestros valores están determinados por cómo gastamos los recursos con que contamos, como el tiempo, el dinero y el talento, podría plantearse el firme argumento de que la cultura estadounidense genera y a menudo celebra una cultura de la violencia. Probablemente "estamos demasiado cerca del bosque para ver los árboles", por decirlo de alguna manera; pero muchos estadounidenses, sencillamente, no comprendemos quiénes somos ni en qué nos hemos convertido.

No necesitamos más que analizar la reacción de los medios de comunicación ante el tiroteo ocurrido en la escuela amish que mencioné anteriormente. Los periodistas parecían estar sorprendidos, incluso horrorizados, al ver la respuesta de los amish a la tragedia. ¿Por qué? ¿Será porque el perdón se ha vuelto contracultural? ¿Será porque es la excepción en vez de la regla? ¡Qué maravilloso sería si en vez de eso nos horrorizara una actitud de venganza! Pero no nos asombra la venganza. Parece ser la norma, y, probablemente, la proliferación de demandas judiciales sea un indicador más que suficiente. Queremos que se haga justicia a toda costa.

Los héroes de nuestra cultura son demasiado a menudo raperos que promueven la violencia, o películas y programas de TV cuyas exhibiciones de violencia adormecen la consciencia, así como el alma. Ya no nos horrorizan ni repugnan los actos que provienen del odio; más bien nos estamos convirtiendo en las personas egoístas y maliciosas a las que de otra manera aborreceríamos. El aire que respiramos no es el aire celestial del perdón, sino más bien el aire tóxico del odio. A diferencia de los amish, que aman la paz, la egoísta y maliciosa corriente que predomina en estos días no quiere perdonar y olvidar. Deseamos —y creemos que merecemos— algo muy distinto: ojo por ojo y diente por diente. Todo eso sin contar el costo a nivel colectivo.

No soy el primero en lamentar el endurecimiento del alma estadounidense. Otros más listos que yo han dado la alarma, aunque tal vez nadie lo haya hecho con tanta elocuencia como Robert F. Kennedy:

> Algunos buscan chivos expiatorios, otros buscan conspiraciones; pero hay algo que resulta evidente: la violencia engendra violencia, la represión lleva a la represalia, y tan solo una limpieza de toda nuestra sociedad puede quitar esta enfermedad de nuestras almas... Nuestras vidas en este planeta son demasiado cortas y hay demasiado trabajo por hacer para permitir que este espíritu siga prosperando en nuestra tierra. Por supuesto que no podemos erradicarlo con un programa, ni con una resolución legislativa.[5]

Kennedy fue, se mire por donde se mire, un soñador y un idealista. Pero yo tengo el mismo sueño de una tierra conocida no solo por su poderío y fuerza militar, sino por su capacidad de ascender a niveles de autoridad moral, de ser capaz de perdonar a nuestros enemigos, así como nos protegemos y nos defendemos del mal.

"Por supuesto que no podemos erradicarlo con un programa, ni con una resolución legislativa", dijo Kennedy. Es ingenuo creer que el odio puede erradicarse, pero es posible volver a edificar nuestra cultura teniendo el perdón como su piedra angular. Si no, pregúntenle a Nelson Mandela.

La cultura canadiense

Los estadounidenses no estamos solos. Recientemente, un bloguero canadiense lamentó la falta de perdón en su propia cultura:

Últimamente he estado pensando acerca del perdón... Esencialmente, todo se resume en el hecho de que ya no hay ningún margen para cometer errores. No hay ninguna tolerancia de la incertidumbre...

Creo que esto se nota principalmente en nuestra cultura política. No toleramos nada de los políticos. Si cometen un error, saltamos a señalarlo. Exigimos saber qué salió mal, les pedimos que renuncien o —como hacemos los canadienses— exigimos que se lleve a cabo una investigación. Exigimos promesas explícitas, y después no toleramos ningún cambio en la planificación cuando las condiciones cambian en la práctica.[6]

Vivimos en una cultura que está "lista para saltar a señalar el error". Quizás ése sea el pago inicial de una mayor secularización de nuestra sociedad. Dicho esto, no justifiquemos a nuestras comunidades de fe por la parte que les toca en el proceso de secularización. La verdad es que los cristianos hemos sido con frecuencia un mal testimonio de la buena nueva que afirmamos creer. Los cristianos, entre los que me incluyo, podemos ser tan poco perdonadores como cualquier incrédulo. Todos podemos mejorar en este aspecto, especialmente si el sueño es crear una "cultura del perdón".

El cáncer y el odio: Las dos plagas principales que padecemos

Yo plantearía que, a pesar de lo que dijo Robert Kennedy, tal vez, *exista* una resolución legislativa y un programa que valga la pena considerar: una resolución que dicte crear un país más perdonador, y un sistema de educación pública que exija que la educación sobre el perdón forme parte de los programas escolares. ¿Quién podría oponerse a eso? Después de todo, las dos principales plagas que enfrentamos son el cáncer y el odio, y es posible que, de una manera muy real, estén relacionadas.

Si no se hace en nuestras escuelas, entonces ciertamente deberíamos enseñar a perdonar en nuestras iglesias, sinagogas, mezquitas, lugares de reunión y otros lugares de culto. Después de todo, ¿acaso no es verdad que todas las religiones valoran el perdón? No soy tan ingenuo como para pensar que el perdón es la solución a todos los problemas del mundo; pero si no sabemos cómo perdonar a una persona que nos hizo daño, sucumbiremos ante nuestros bajos instintos del enojo, el odio, la violencia y la venganza. El aire puro del perdón espera a todos los que verdaderamente anhelan respirar con libertad.

Charles Griswold, un erudito contemporáneo, sugiere que "el perdón (a diferencia de pedir disculpas) es improcedente en la política", y que solo en determinadas circunstancias el perdón "es una respuesta apropiada a los males que atormentan la vida humana en los valles de nuestra Tierra atribulada".[7] Aunque en su libro excluya intencionalmente la sanidad de las heridas emocionales y opte por un comentario más filosófico sobre el tema del perdón, sirve como un importante recordatorio de que, en los niveles más elevados de la erudición, ya sea religiosa o secular, teológica o médica, académica o clínica, el perdón es un tema del que se habla a un nivel filosófico. Para dar un ejemplo, recientemente un amigo mío terminó un curso sobre el perdón en el Seminario Teológico de Princeton,

y después de concluirlo no tenía ni la menor idea de cómo ayudar a una persona a perdonar. En cambio, según me contó, la clase
abordó el tema del perdón desde un punto de vista teórico. Este es
el estado del debate en este país, y es posible que lo mismo suceda
en otros lugares.

Por otra parte, Desmond Tutu, el arzobispo de Sudáfrica, exa-
gera cuando dice: "Sin perdón, no hay futuro".[8] Evidentemente, el
arzobispo quiso decir que, sin perdón, no hay un *futuro que valga la
pena vivir*. Mis pacientes, que sufren de cáncer, no están interesados
en lo más mínimo en la filosofía del perdón. A veces ni siquiera lo
están en la religión. Sin embargo, los que quieren tener un futuro,
no dejan de percibir intuitivamente la verdad y la sabiduría que
contiene la sencilla pero profunda afirmación de Tutu: *Sin perdón,
no hay futuro*. La vida se vuelve muy real cuando alguien recibe un
diagnóstico de cáncer cerebral en estadio IV; esa persona se siente
como si estuviera sepultado bajo los escombros del terremoto de
Haití, y se pregunta: "¿Habrá alguien que pueda ayudarme?". La
evasión, por cierto, es un problema. Pero el problema se agrava de
manera exponencial cuando nuestros dirigentes no se formulan las
preguntas correctas; por consiguiente, elaboran un programa que
no sirve y se produce un vacío de respuestas a las preguntas que,
básicamente, son las que más importan.

¿Es verdad que el tiempo cura todas las heridas?

En el próximo capítulo, trataremos con más detalle la función
del tiempo en el proceso del perdón; pero, dado que nuestros pensamientos y sistemas de creencias a menudo afectan a nuestra
motivación, considero necesario decir algunas palabras al respecto.

Es absolutamente cierto que "el conocimiento [no] dará resultados positivos en personas que no están motivadas a cambiar". Si, por
ejemplo, alguien no quiere aprender, no importa cuán brillante sea
el maestro. Incluso las personas menos inteligentes pueden aprender
si están suficientemente motivadas. Los seres humanos siempre pueden encontrar una reserva de fortaleza y determinación, en algún
lugar de su interior, si están verdaderamente dispuestos a intentarlo.

Sin embargo, cuando se trata del perdón, puede que el éxito no dependa solo de la fuerza de voluntad. Tal vez, sencillamente se trate de que la herida no fuera lo bastante dolorosa como para impulsar a la persona a abordarla. En cambio, es posible que la persona opte por dejar que el tiempo sane las heridas; lo cual ni puede ni va a suceder.

Lo que suele suceder cuando intentamos que el tiempo sane nuestras heridas es que nos adaptamos a nuestra dolorosa situación, para lo cual creamos una nueva definición de "normal" o un nuevo punto de referencia emocional. El efecto de este ajuste y esta adaptación emocional es que comenzamos a pensar que nuestro nuevo estado emocional es bueno y normal. *Para muchas personas ha pasado tanto tiempo desde la última vez que fueron felices que no recuerdan qué se siente.* Cuando alguien les pregunta cómo les va, inmediatamente dicen: "¡Bien!". Pero cuando alguien ahonda un poco más en la pregunta, muchas veces responden con lágrimas.

En su libro sumamente revelador, *Tropezar con la felicidad*, Daniel Gilbert hace la siguiente observación:

Cuando las experiencias nos hacen sentir infelices, el sistema inmunitario de nuestra psique tergiversa los hechos y echa la culpa a otros con el fin de ofrecernos una visión más positiva. Pero no lo hace *todas* las veces que sentimos el mínimo cosquilleo de tristeza, celos, enojo o frustración. El fracaso en el matrimonio y la pérdida del empleo constituyen ataques graves a nuestra felicidad que desencadenan nuestras defensas psicológicas; pero esas defensas no se activan ante la experiencia de un lápiz roto, un golpe en el dedo del pie o la demora de un ascensor. Que se nos rompa un lápiz puede ser molesto, pero no representa una amenaza grave para nuestro bienestar psicológico, de modo que no se desencadenan nuestras defensas psicológicas. La consecuencia paradójica de este hecho es que a veces es más difícil tener un punto de vista positivo respecto de una *mala* experiencia, que tenerlo de una *muy mala*.[9]

Tal vez, algunas personas no se preocupen de perdonar ofensas de mediana importancia, porque no son tan dolorosas. Si es así, desde luego, tiene sentido. Pero, lamentablemente, muchas personas creen que el tiempo sanará incluso las heridas emocionales más graves.

En todo caso, el problema es el siguiente: *el tiempo no cura las heridas.* En cambio, solo nos da la oportunidad de ajustar, redefinir, modificar y adaptar nuestra perspectiva emocional, con el lamentable resultado de que hasta los recuerdos menos molestos tienen el potencial de llegar a ser tóxicos.

Tampoco podemos dar por sentado que las personas querrán tratar con sus recuerdos más dolorosos. Nuestras investigaciones en realidad sugieren lo contrario. Y hemos aprendido que hay escasez de clérigos, psicólogos y psicoterapeutas que estén capacitados para ayudar a las personas a aprender a perdonar.

No hay debates acerca del perdón, como debería haber. Las profesiones dedicadas al servicio de otros no cuentan con las herramientas requeridas para satisfacer esa necesidad; la demanda emocional excede en gran manera la oferta de sanadores cualificados. Como si eso fuera poco, todavía no encontré ningún seminario, universidad o facultad de medicina que enseñe a sus estudiantes a ayudar a las personas a perdonar. Además, en la Escuela de la Vida no existe el curso de "Cómo perdonar".

Cuando la religión es un obstáculo

Un comentario más sobre religión, que, como habrá notado, también incluí en mi lista de posibles factores motivadores en el capítulo anterior. Aunque podría ser una de las herramientas motivadoras más poderosas de las que disponemos, en ocasiones la religión es una barrera que impide el perdón.

Aunque no hago una apología de mi fe, quiero dejar bien claro que, para algunas personas, la Biblia puede ser un impedimento para el perdón. El dogmatismo rígido, en cualquier religión, puede crear culpa en algunas personas, que pueden considerarse infieles o poco dignas. Son personas agobiadas por la culpa debido a su incapacidad de perdonar o incluso de creer que el perdón es algo deseable. Desde la perspectiva de un grave trauma, algunas personas incluso pueden considerar que el perdón es algo ofensivo. Soy consciente de que es posible que aquellos que sufrieron un trauma emocional no quieran escucharme. Tan solo espero y oro para que algún día (y espero que sea pronto) puedan comenzar el proceso. Si usted es una de esas personas, esto es lo que le diría: si Jayne, Russie, Cathy, Rich y Sharon fueron capaces de perdonar, tengo la esperanza de que usted también encuentre la manera de hacerlo. De algo estoy seguro: de que usted también sentirá una "sensación de alivio".

Algunos investigadores clínicos, incluso los que afirman tener una herencia cristiana, se sienten tentados de apartarse de algunas enseñanzas de Jesús. Tal vez les preocupe causar más mal que bien al expresar algunas de sus afirmaciones, indiscutiblemente severas. Por ejemplo, en la parábola de los dos deudores de Mateo 18, el siervo inclemente es entregado a sus verdugos hasta que pueda pagar todo lo que debe, ante su negativa de perdonar una pequeña deuda a uno de sus consiervos después que a él se le perdonara una enorme deuda. La traducción griega ahonda un poco más y dice que es entregado a los "torturadores para que lo torturen".

El mensaje que encierra la parábola es el siguiente: es de esperar que las personas que no perdonan se sientan torturadas. Podemos imaginar la respuesta legítima de la víctima de una violación: *¡Torturada [por Dios] por no perdonar! ¿Lo dice en serio?*

Estas palabras son duras para una persona gravemente herida. Pretender que la víctima de una violación perdone al violador solo parece echar sal a la herida. Sus sentimientos son, en cierto modo, completamente entendibles. Por otra parte, deberíamos permitir que el mismo Jesús, que sufrió insultos e injurias, tenga la última palabra con respecto al perdón, y Él dice que debemos perdonar "setenta veces siete".[10]

Podría no parecer justo… en este momento. Podría no tener sentido… en este momento. Podría hacernos enojar con Dios… en este momento. Pero todo lo que puedo decir es esto: muchas personas, incluso algunas que sufrieron enormemente, fueron capaces de perdonar a quienes les hicieron daño. Algún día, cuando usted esté listo, es posible que también pueda perdonar. Hasta entonces, piense en Eva Mozes Kor que, siendo superviviente de Auschwitz, fue capaz de perdonar al doctor Mengele y a otros. Me alegra poder concederle a Eva la última palabra en este libro, y lo invito a leer el epílogo y reflexionar sobre su vida, que es inimaginable para la mayoría de nosotros.

Capítulo 11

¡LA LIBERACIÓN!

El poder sanador del perdón

He aquí, tú amas la verdad en lo íntimo,
Y en lo secreto me has hecho comprender sabiduría.

SALMOS 51:6

La nanotecnología

Felizmente, el tratamiento del cáncer ha avanzado mediante el novedoso uso de la nanotecnología, que es un campo de la ciencia que manipula las partículas y dimensiones al nivel del átomo. A diferencia de la cirugía tradicional, la nanotecnología es una técnica no invasiva que, en determinadas circunstancias, permite a los médicos extirpar tumores primarios que de otra manera se considerarían inoperables.

¿No sería bueno que nuestras heridas emocionales pudieran sanarse con la misma facilidad? La educación sobre el perdón intenta sanar las heridas emocionales que nos impiden tener una vida abundante; y aunque aún no hemos procedido al uso de la nanotecnología, ahora comprendemos mejor y valoramos más la influencia del perdón a nivel celular. Sin embargo, este aumento de nuestra comprensión no se dio porque sí. Como en el caso de la nanotecnología, es el resultado de investigaciones, estudios, lectura, reflexión, experimentación, análisis y técnicas de prueba y error, todos ellos llevados a cabo de manera exhaustiva.

En este capítulo, abordaremos algunos obstáculos adicionales que dificultan el perdón, y presentaré el breve resumen de una técnica —llamada terapia narrativa— que ha demostrado ser útil con mis pacientes. También explicaré por qué esta técnica puede ayudarle a perdonar. La terapia narrativa materializa los resultados de mis prolongadas investigaciones, estudios y experimentos, y la presento con la esperanza de que otros puedan beneficiarse y aprovecharse de lo que aprendí sobre el importante tema del perdón.

Además, capta la esencia del programa de educación sobre el perdón que desarrollé en los Centros para el Tratamiento del Cáncer en Estados Unidos, programa conocido como *Release! The Healing Power of Forgiveness* [¡Liberación! El poder sanador del perdón]. Este capítulo completa algunos de los restantes espacios en blanco, une algunos cabos sueltos y ofrece un breve resumen de lo que creo que es *mínima* y *fundamentalmente* importante saber sobre el proceso del perdón.

Mitos sobre el perdón

Un *mito* puede definirse como una "tradición o creencia popular desarrollada respecto de algo o de alguien" o "un concepto falso o sin fundamento".[1] Respecto del tema del perdón se han desarrollado numerosos mitos o conceptos falsos. A continuación presentaré algunos de los más comunes:

Mito: Perdón = Reconciliación

En pocas palabras, el perdón hace partícipe a una sola persona: usted. La reconciliación hace partícipe a dos o más personas. *Reconciliar* significa "restablecer una relación cercana" o "remediar o resolver".[2]

Como tal vez recuerde, comprender la diferencia entre el perdón y la reconciliación fue un momento revelador para Russie, que dijo: "Fue muy liberador, porque yo pensaba que si perdonamos a alguien, tenemos que tener trato con ellos, estar con ellos todo el tiempo y decirles: 'Lo que hiciste estuvo bien'". Quién sabe cómo Russie llegó a creer esto, pero es una idea falsa aunque bastante común.

Reconciliarse significa restablecer la armonía con alguien, resolver los problemas que existen entre las partes implicadas. Los matrimonios se reconcilian cuando las parejas abordan sus problemas en conjunto. Los compañeros de trabajo también pueden resolver sus problemas y reconciliarse. Pero, como dice un viejo refrán: "Hacen falta dos personas para bailar un tango". De modo que usted puede perdonar a una persona que está muerta desde hace treinta años, pero nunca se reconciliará con esa persona. El perdón requiere de una sola persona: *usted*.

No existe ninguna relación entre el perdón y la reconciliación, excepto para decir que cuando dos personas se reconcilian, probablemente también se perdonan. La reconciliación suele seguir al perdón, pero no siempre es así. Que Russie restableciera la relación con su tío y con su jefe da fe de que existe la posibilidad de una reconciliación, como en el caso de la reconciliación de Cathy con su ex marido. Pero el perdón no es garantía de reconciliación.

Es muy improbable que Jayne, alguna vez, llegue a reconciliarse con los secuestradores de Eduardo. Pero ella pudo perdonarlos. Una pareja divorciada puede perdonarse; pero volver a tener armonía o lograr una verdadera reconciliación es bastante poco común. Es más, algunas personas son tan tóxicas y peligrosas (a nivel físico y emocional), que no tiene sentido ni siquiera estar cerca de ellas. Si tenemos la manera de controlar la situación, las personas que constantemente son insensibles, malas y emocionalmente tóxicas pierden el derecho a disfrutar de nuestra presencia. No significa que los odiemos. No significa que no los hayamos perdonado. No significa que no podamos desearles el bien, ni que deseemos que les pase algo malo. Sencillamente significa que tenemos el derecho a decidir que no queremos estar ni física ni emocionalmente relacionados con personas que nos lastiman. Perdonar a alguien de corazón no significa que debemos aceptar la situación y crear el espacio para que nos lastime. Podemos desearle el bien a una persona... a distancia.

Sin embargo, es muy frecuente que las personas, incluso religiosos con amplia experiencia, crean que el perdón es sinónimo de reconciliación. La reconciliación es maravillosa, a menudo deseable y, en las mejores circunstancias, podría incluso ser aconsejable, pero no es lo mismo que el perdón.

La Biblia fomenta la reconciliación. Por ejemplo, Jesús enseñó: "Por tanto, si traes tu ofrenda al altar, y allí te acuerdas de que tu hermano tiene algo contra ti, deja allí tu ofrenda delante del altar, y anda, reconcíliate primero con tu hermano, y entonces ven y presenta tu ofrenda".[3] Sin embargo, *ambas partes deben desear reconciliarse*. La enseñanza de Jesús presupone que su hermano no lo va a agredir cuando usted trate de reconciliarse con él. Por cierto, durante el proceso de la reconciliación, usted debe tener cuidado de no exponerse al daño.

La diferencia entre el perdón y la reconciliación puede resumirse con esta idea: usted puede perdonar a una persona sin reconciliarse con ella; pero la reconciliación, por lo general, incluye el perdón. Usted puede dejar de lado el enojo y perdonar sin tener que volver a ver a esa persona ni pasar tiempo con ella.

Estoy seguro de que usted estaría de acuerdo en que es bueno que, en última instancia, nuestra salud y nuestro bienestar emocional no dependan de la predisposición o de la disponibilidad que tiene alguien para reconciliarse.

Mito: Perdón = Renunciar a la búsqueda de la justicia

Dios es un Dios de misericordia y perdón, pero también es un Dios de justicia. La misericordia y la justicia no son mutuamente excluyentes; van de la mano, como nos recuerda Jesús: "¡Ay de ustedes, maestros de la ley y fariseos, hipócritas! Dan la décima parte de sus especias: la menta, el anís y el comino. Pero han descuidado los asuntos más importantes de la ley, tales como la justicia, la misericordia y la fidelidad. Debían haber practicado esto sin descuidar aquello".[4]

- El perdón no invalida las consecuencias de violar la ley.
- El perdón no significa dejar que una persona escape sin recibir ningún castigo.
- El perdón no significa que no habrá ninguna consecuencia por el comportamiento de una persona.

Supongamos que, cuando está regresando a su casa, un conductor en estado de ebriedad choca contra su vehículo. Usted sufre heridas importantes, y su automóvil queda totalmente destruido. ¿Es posible perdonar a la persona que chocó con usted? Sí, desde luego. Pero eso no significa que a esa persona no la arresten por conducir ebrio, además de cualquier otra consecuencia que pudiera aplicársele, como quitarle la licencia de conducir, hacerle cumplir con su responsabilidad económica por los daños, entre otras penas posibles. Desde la sala del hospital, usted puede desearle el bien al otro conductor, además de cooperar con las autoridades que hacen cumplir la ley; pero bajo ninguna circunstancia debería usted tomarse la justicia por su mano.

De acuerdo con la Biblia, Dios ha instituido el orden social mediante las leyes y ordenanzas de los gobiernos. La justicia, según se espera, será administrada a través de esas instituciones ordenadas por Dios. Cabe señalar la advertencia del apóstol Pablo en el libro de Romanos: "No tomen venganza, hermanos míos, sino dejen el castigo en las manos de Dios, porque está escrito: 'Mía es la venganza; yo pagaré', dice el Señor".[5]

Pablo explica en mayor detalle este concepto en el siguiente capítulo de Romanos:

> Sométase toda persona a las autoridades superiores; porque no hay autoridad sino de parte de Dios, y las que hay, por Dios han sido establecidas. De modo que quien se opone

a la autoridad, a lo establecido por Dios resiste; y los que resisten, acarrean condenación para sí mismos.[6]

Ciertamente, debemos dejar que corra "la justicia como impetuoso arroyo",[7] pero no mediante una *vendetta* personal ni jugando a ser el juez, el jurado y el verdugo. Por ejemplo, Jayne y Eduardo deben permitir que el gobierno mexicano, por muy imperfecto que sea, atrape, enjuicie, condene y aplique una sentencia a los secuestradores... aunque estoy seguro de que podría ser satisfactorio, y tal vez comprensible, considerar otras posibilidades.

No hacer nada conlleva un alto precio, pero hacer lo incorrecto en la búsqueda de la justicia podría salirnos aún más caro.

Mito: Perdón = Consentimiento mental

El perdón no proviene simplemente de decir "Te perdono". Exige un cambio de corazón mediante el cual el enojo y el odio se transforman en sentimientos de serena indiferencia o neutralidad. Pongamos un ejemplo.

Hace algunos años, una mujer de veinticinco años vino a mi oficina para hablar conmigo. A medida que avanzábamos en la conversación, comenzó a derramar su corazón y a hablarme sobre la relación horrible que había tenido con su padre. Siete años antes, había tenido una pelea con su padre delante de un grupo de amigos. Llegaron a un forcejeo, durante el cual se le salió la blusa, y se sintió humillada por la exposición indecente (por motivos obvios). Enojada y avergonzada, había huido de la casa y no había visto a su padre desde entonces, hasta el punto de estar sin hogar y tener que dormir en su automóvil.

En las conversaciones pastorales no suele haber mucho diálogo. El tiempo pasa simplemente escuchando a las personas mientras éstas descargan su ira y sus frustraciones. Comprendiendo esto, la escuché durante media hora mientras ella, entre lágrimas, revivía los recuerdos de su padre para desahogar su carga. Después de veinticinco minutos, le formulé esta pregunta: "¿Alguna vez ha pensado en perdonar a su padre?". A lo cual ella respondió inmediatamente: "¡Oh, sí; lo perdoné hace mucho tiempo!".

¿Había perdonado a su padre? Obviamente, no. Ese día, en mi oficina, estaba tan enojada con él como lo había estado al marcharse de su casa hacía siete años. Sin embargo, como la mayoría de los que se profesan cristianos, sabía que la "respuesta correcta" era perdonar, así que dijo: "Oh, sí, ¡lo perdoné hace mucho tiempo!". Pero el perdón no es tan solo "decir las palabras correctas".

Algunas personas podrían alegar que existen dos clases de perdón: el perdón *decisorio* y el perdón *emocional*. El perdón decisorio equivale a un mero consentimiento mental, lo cual yo diría que no es tan cristiano, dado que Jesús nos pide que perdonemos de corazón.[8]

Más allá de las diferencias teológicas, el perdón decisorio parece contradecir la mayoría de las investigaciones seculares sobre el tema, que respaldan la idea de que el perdón es un proceso que comienza con la *decisión de perdonar* y termina con *un cambio de actitud respecto al perpetrador*.

Además, "la investigación empírica ha demostrado que este enfoque [es decir, "el del perdón decisorio"] produce escasos resultados en cuanto a mejorar los niveles de estrés o la salud emocional de un cliente".[9]

En 2006, la columnista Andrée Seu, de la revista *World*, escribió un artículo sobre el perdón titulado "The Thing We Don't Do" [Lo que no hacemos]. Aunque Seu no participa de las investigaciones relacionadas con el perdón, percibe intuitivamente que el perdón exige más que un "consentimiento mental":

Perdonar es lo más difícil que usted pueda hacer en la vida. Es por eso que la mayoría de las personas no perdona. Hablamos y predicamos acerca del perdón, lo recomendamos y estamos seguros de haberlo puesto en práctica. En la mayoría de los casos, la ilusión de haber perdonado se debe a que el paso del tiempo borra los recuerdos. Pero la falacia saldrá a la luz ante la más mínima ofensa, que desencadene nuestra venganza y el deseo de vaciar nuestro saco de agravios a medio procesar. Les pregunté a algunas personas si alguna vez habían perdonado a alguien, y qué habían sentido. Me dieron respuestas tan piadosas que supe que nunca habían perdonado.[10]

Perdonar no es tan solo pronunciar las palabras. En cambio, debe haber una transformación emocional en aquel que perdona. Jayne, Sharon y otras personas lo describen como "una sensación de alivio". Russie lo describió como "una alegría en el corazón que antes no tenía". El simple hecho de decir "te perdono" no le hará sentir ningún alivio ni le alegrará el corazón.

La venganza nos hace sentir bien

La *Schadenfreude* es la satisfacción o el placer que sentimos ante el infortunio de otra persona. El término deriva de las palabras alemanas *schaden*, que significa "adversidad" o "daño" y *freude*, que significa "gozo". Recientemente tuve una experiencia de *schadenfreude* a expensas de mi esposa. Kay y yo alquilamos una bella casa que tenía algunas desventajas... como lagartijas que corrían por el patio y, en ocasiones, dentro de la casa. Al conocer el temor de mi esposa hacia estos animalejos, me incliné y le hice cosquillas en la pantorrilla, lo que ocasionó que ella soltara un alarido y yo estallara en carcajadas. Me reí tanto que ni me di cuenta de que ella me estaba golpeando el brazo hasta dejármelo morado (y con toda razón). Hacerla "sufrir" de esa manera me proporcionó un gran placer. De hecho, el solo hecho de pensar en eso me hace reír. ¡Y pensar en volver a hacerlo hace que en mis labios brote una sonrisa!

Sin duda, el sufrimiento que ella me ocasionó a mí también la hizo sentir un poco mejor.

Todos tenemos momentos en que sentimos satisfacción o placer ante el infortunio de otra persona. La venganza, o el hecho de pensar en una venganza, planificarla o meditar en venganzas del pasado... despierta respuestas similares. La venganza es *Schadenfreude*, pero con una connotación más siniestra.

Un artículo de la revista *Psychology Today* [Psicología Hoy] plasmó una perspectiva secular de la venganza, con un dejo de *Schadenfreude*:

> La venganza es como un medicamento con receta: un poco puede curar, una gran cantidad puede matar y debería evitarse volverse adicto a ella. Lo mejor es poder prescindir de ella; pero si se necesita sí o sí una dosis, la mejor estrategia es: tomar venganza, terminar con el asunto y seguir adelante con la vida.[11]

Cuesta creer que un terapeuta creíble pueda alentar a alguien, aunque sea de manera desinteresada, a "tomar venganza". *Psychology Today* es una revista reconocida, que representa muchos puntos de vista, estilos terapéuticos y técnicas... pero ¿"tomar venganza"?

Habiendo dicho esto, comprendo la necesidad humana de sentirse reivindicado, ya que yo también recibí mi parte de puñaladas por la espalda, por decirlo de algún modo. Ante el hecho de ser receptores de la maldad humana, ¿qué respuesta parece ser la más apropiada y la fuente más evidente de alivio antes que un acto de venganza? Incluso algo tan simple e inocuo como tocar la bocina a alguien que inesperadamente le corta el paso cuando va conduciendo... parece ser justo... ¡y lo hace sentir tan bien! ¡*Schadenfreude*!

Las investigaciones recientes nos ayudan a comprender mejor la biología de la venganza; es decir, por qué nos hace sentir bien. Según descubrieron los investigadores, la venganza es dulce, porque los actos de revancha estimulan la misma parte del cerebro que produce endorfinas, que imitan en su efecto a la morfina. Un nuevo estudio con imágenes cerebrales sugiere que sentimos satisfacción cuando castigamos a otros por su mala conducta. De hecho, la expectativa de este placer nos impulsa a actuar de manera dominante, según los científicos que llevaron a cabo las últimas investigaciones.[12] En otras palabras, parece que estamos programados biológicamente para tomar venganza; está en nuestro ADN.

Si esto es cierto, ¿por qué está mal tener esta clase de pensamientos?

Después de años de reflexionar sobre esta curiosa realidad, he llegado a la siguiente conclusión: si Dios no nos hubiera dado el deseo innato de buscar revancha, no tendríamos ningún deseo de resolver las injusticias. No tendríamos la tendencia de buscar justicia, y solo sentiríamos indiferencia. Si alguien nos lastimara y no tuviéramos ningún sentimiento de rencor o venganza, probablemente nos encogeríamos de hombros y diríamos "no me importa". Pero no debemos encogernos de hombros ante el sufrimiento o la injusticia, como si no importaran. La justicia es importante, y el impulso biológico de la revancha es el desencadenante que da *comienzo al proceso* de buscar y hacer justicia. Sin embargo, una cosa es dar comienzo al proceso, y otra es quedarnos estancados con sentimientos crónicos de enojo y venganza. En la medida en que los sentimientos de venganza activen el proceso de buscar justicia, serán útiles. En la medida en que los sentimientos de venganza nos hagan tomar la ley en nuestras propias manos, o no hacer absolutamente nada, serán perjudiciales... para nosotros mismos y para los demás.

La justicia es más que cobrar venganza; consiste en utilizar los recursos disponibles, como hablar con el maestro, llamar a la policía o presentar una queja formal en la oficina de recursos humanos. Puede ser tan sencillo como confrontar a los individuos con lo que hicieron mal, porque es posible que no sean conscientes de su ofensa.

Además, como mencioné anteriormente, una de las lecciones de vida más importante que aprendí es que mis enemigos no siempre están equivocados. Puedo tener una convicción muy fuerte respecto de una situación, y estar completamente equivocado. En el mismo sentido, puede que la venganza nos haga sentir bien; pero podríamos llegar a descubrir que no teníamos razón, de modo que llegamos a ser parte del problema en vez de serlo de la solución.

Jayne quería rebanarles la cabeza a los secuestradores de su esposo como un guerrero samurái. ¿Quién podría echarle la culpa? La venganza, incluso el hecho de *considerar* la venganza como posibilidad, nos hace sentir bien; pero está a años luz de la justicia. La necesidad de venganza de Jayne y Eduardo, de hacer justicia por el terrible daño que les hicieron, se ha manifestado en la búsqueda de justicia mediante entrevistas con los medios de comunicación y debates de alto nivel con funcionarios de los gobiernos de México y Estados Unidos.

El perdón y la oración

Hace más de 450 años, Juan Calvino escribió: "La regla que deberíamos seguir cada vez que nos sintamos inquietos por el miedo, u oprimidos por una pena profunda, es elevar nuestro corazón a Dios de inmediato. No existe nada peor ni nada más perjudicial que cavilar internamente en aquello que nos irrita".[13] Calvino observó los efectos negativos que tiene cavilar internamente en las cosas que nos irritan. ¿La solución? Orar. No porque Jesús haya enseñado a sus discípulos a orar, aunque ésta haya sido siempre la perspectiva de Calvino; sino como una manera fiel de lidiar tanto con nuestra adversidad como con nuestros adversarios. La oración nos hace sentir mejor con respecto a ambos.

Jesús dijo: "Amen a sus enemigos y oren por quienes los persiguen".[14] Aunque casi todos sabemos que deberíamos orar por nuestros enemigos, ¿cuántos de nosotros verdaderamente lo hacemos? Tomando prestado el comentario de Andrée Seu sobre el perdón, orar por nuestros enemigos probablemente es "lo que no hacemos". Como pastor y teólogo, sé que deberíamos orar por nuestros enemigos; pero también soy un investigador que intenta ayudar a las personas a comprender la "biología de la fe". En este rol, ocasionalmente me encuentro con investigaciones que me llaman la atención, incluso el resultado de este estudio reciente: "La simple oración a favor de un ser amado hizo aumentar la predisposición de perdonar a esa persona".[15]

Creo que esto es verdad, y puedo explicar los procesos psicoespirituales que lo permiten. Mi explicación también servirá como marco de referencia para una mejor comprensión de otras acciones útiles que recomendamos a nuestros pacientes durante su búsqueda del perdón.

Cuando oramos por alguien, ¿qué estamos haciendo? Por la misma naturaleza de la oración, enfocamos nuestro corazón y nuestra mente, intencional e inevitablemente, en dos cosas: en la persona que nos lastimó y en la situación que creó el daño, y estamos poniendo ambas cosas ante Dios. Cuando oramos por nuestros enemigos, resistimos deliberadamente la tentación de evitar o bien de ignorar a la persona o situación. Y, de acuerdo con el estudio, a medida que lo hacemos, nos encontramos mejor predispuestos a *querer* perdonar al perpetrador. Pensar en esa persona y revivir la situación preparan el camino para la sanidad. Es de suponer que, cuanto mayor sea la frecuencia con que oremos, mejor nos sentiremos... con el tiempo.

LA MEDICINA MODERNA SE ENCUENTRA CON LA SABIDURÍA ANTIGUA

Las personas de fe han experimentado los beneficios de la oración desde el principio de los tiempos. Nada de eso debería sorprendernos. Dios no practica la *Schadenfreude*; no se deleita en torturarnos; aunque la verdad es que, para algunos de nosotros, orar por nuestros enemigos es prácticamente una tortura. Dios desea que encontremos la sanidad, y la sanidad proviene del proceso de revivir las viejas heridas emocionales a través de la oración.

El tiempo no cura viejas heridas

La medicina moderna ha descubierto el antiguo camino de la sanidad que, desde hace siglos, ofrece la oración a las personas de fe. Mediante la "terapia somática", recientemente descubierta, que trata el trastorno del estrés postraumático (TEPT), el tratamiento incluye ahora los siguientes elementos:

- Encontrar un lugar seguro e inofensivo para el paciente.
- Encontrar sensaciones corporales sutiles que estén relacionadas con el trauma.
- Suscitar esas sensaciones en un ambiente de aparente seguridad.

- Sacar lentamente a la superficie las sensaciones identificadas para evitar abrumar al paciente, lo cual se denomina *técnica de inundación.*
- Para evitar la angustia que puede provocar la técnica de inundación, se hace una transición del paciente desde el "lugar seguro" a su recuerdo o percepción dolorosos.[16]

La Administración de Veteranos de Estados Unidos, ha tenido mucho éxito afortunadamente al utilizar este tipo de terapia para tratar a soldados que sufrieron traumas por sus experiencias en Irak y Afganistán.

Para volver a destacar la importancia de la sanidad de las viejas heridas, el doctor Robert Scaer nos recuerda que "hasta que la víctima del trauma resuelve con éxito la experiencia traumática al nivel físico, continúa mostrando una conducta estereotipada, repetitiva y contraproducente en las experiencias de su vida diaria. Y responde a los acontecimientos, relaciones y retos nuevos como si estuviera respondiendo a una antigua amenaza".[17] El tiempo no cura las viejas heridas.

Según Scaer, por el contrario, con el paso del tiempo las viejas heridas pueden empeorar, casi como si tuvieran vida propia.[18] Ese proceso se denomina *sensibilización.* Es como si las personas estuvieran viviendo en el pasado y destinadas a permitir que el pasado se filtrase constantemente en su vida diaria. Sin ayuda, su futuro es su pasado.

La relación con mi padre es una muestra del fenómeno de sensibilización. Mi padre no me maltrató ni física ni emocionalmente; aunque tuvo algunas épocas difíciles en su vida, no descargaba sus frustraciones sobre mí. El enojo contra mi padre surgió de su ausencia en mi vida. Estaba ausente físicamente, porque trabajaba de noche; y cuando estaba en casa, a menudo se aislaba en su habitación.

Aunque eso no me molestaba tanto cuando era niño, una vez que me fui de casa empezó a molestarme bastante, porque fui tomando consciencia de cuán importantes pueden (y deberían) ser los padres en la vida de sus hijos. Además, mi padre murió cuando yo tenía unos veinte años, y eso echó por tierra la oportunidad de que se interrelacionara más conmigo. Entre los veinte y los treinta años, estuve enojado con él, pero unos años antes de cumplir cuarenta años, el enojo se convirtió en odio con todas las letras. Gracias a la consejería, pude perdonar a mi padre... quince años después de su muerte.

La verdad con la que me encontré mientras luchaba por perdonar a mi padre fue que yo tampoco había sido un hijo perfecto. En medio de mis lágrimas (tenía treinta y nueve años, por el amor de Dios, ¡y él había fallecido hacía quince años!), le pedí a mi padre (mentalmente) que me perdonara por haber sido un hijo imperfecto. Esa fue la verdad que me hizo libre y mi momento de "alivio". Perdonar a mi padre fue algo casi secundario. Durante quince años, no había querido enfrentar mi enojo contra él, y con el tiempo el enojo se agudizó. La sensibilización. Después de todo, el tiempo no había curado la herida.

El Irak virtual: Una manera de enfrentar los temores

Según las pautas generales mencionadas anteriormente, el tratamiento somático de la Administración de Veteranos para el trastorno del estrés postraumático exige que los soldados traumatizados revivan las experiencias del campo de batalla dentro de la seguridad de una instalación en Estados Unidos. El trauma pudo haber sido provocado por una serie de acontecimientos en el campo de batalla: el estallido de dispositivos explosivos improvisados, ataques a vehículos militares de alta movilidad, disparos recibidos, la experiencia de muerte de otro soldado y otras situaciones similares. Obviamente, esos recuerdos son horrorosos y, a menudo, debilitantes. Una de las claves para el tratamiento con éxito del trastorno del estrés postraumático es hacer que los soldados se comprometan intencionadamente a enfrentar su dolor emocional, en lugar de evadirlo.

El doctor Michael Kramer, psicólogo clínico del hospital de la

Administración de Veteranos de Manhattan afirma: "Uno de los sellos distintivos del trastorno por estrés postraumático es la evasión. Los pacientes malgastan muchísimo tiempo y energía en el intento de no pensar ni hablar de eso. Sin embargo, al nivel del comportamiento, la evasión es lo que mantiene vivo el trauma. Con la realidad virtual, podemos volver a llevarlos a ese momento. Y lo podemos hacer de manera gradual y controlada".[19]

En otro artículo del *New York Times* sobre el tratamiento del trastorno por estrés postraumático, James Dao comunica:

> Además, los terapeutas de varios hospitales para militares y veteranos están utilizando un sistema denominado Virtual Iraq [Irak virtual] para tratar el trastorno por estrés postraumático. El sistema, basado en un juego de computadora llamado Full Spectrum Warrior [Guerrero de espectro total] ayuda a los pacientes a volver a visualizar, con la ayuda de gafas y auriculares de realidad virtual, las imágenes y los sonidos de las experiencias de combate como una manera de enfrentarse a su trauma.[20]

En otras palabras, mediante una técnica que se conoce comúnmente como *terapia de exposición*, los soldados traumatizados encuentran la sanidad de sus heridas emocionales sin *evadirse* de su situación mental y emocional, sino al *regresar intencionadamente* al campo de batalla mediante la visualización del acontecimiento traumático. Cuando se los expone a los acontecimientos dolorosos durante breves períodos de tiempo, disminuye su dolor y se calman sus temores. Bajo la supervisión de colegas capacitados, los veteranos de guerra traumatizados pueden enfrentar sus temores, y al hacerlo, pueden superar los efectos debilitantes del TSPT y encontrar la sanidad que se merecen.

La terapia narrativa

El camino psiconeurológico que los veteranos recorren mediante la terapia de exposición es el mismo camino que recorren los que emplean otra técnica ventajosa, que se conoce comúnmente como *terapia narrativa*. En un capítulo anterior, mencioné el maravilloso y útil trabajo del doctor James Pennebaker. A continuación, se detalla lo que revelaron algunas de sus productivas investigaciones:

- Los eruditos sugieren que "el estilo de sobrellevar la adversidad que reprime las emociones negativas podría incrementar el riesgo de cáncer".[21]
- "Escribir sobre los traumas se ha asociado a indicadares biológicos de un mejor funcionamiento del sistema inmunológico".[22]
- "También se descubrió que escribir o hablar sobre temas emocionales influye de manera beneficiosa sobre la función inmunológica, incluso sobre el crecimiento de los linfocitos T cooperadores".[23]

A estas alturas, estos resultados no deberían sorprendernos. Hemos demostrado ampliamente que reprimir las emociones negativas disminuye la capacidad del cuerpo para defenderse a sí mismo de las enfermedades. Encontrar maneras creativas de revivir las heridas emocionales y expresar los sentimientos reprimidos en un ambiente seguro contribuye a sanar esas heridas. La oración es propicia para esto, y la terapia de exposición también, al igual que la terapia narrativa. Al seguir el ejemplo de Pennebaker, hacemos que nuestros pacientes de los Centros para el Tratamiento del Cáncer de Estados Unidos practiquen la escritura. Y les pedimos que escriban sobre sus traumas de acuerdo con las siguientes pautas:

1. Escribir en la seguridad de su casa, hotel o cuarto de hospital.
2. Escribir tres veces durante veinte minutos cada vez en un período de veinticuatro a treinta y seis horas.
3. Al escribir, ser consciente de los pensamientos o juicios irracionales que hacen sobre las personas que los lastimaron. A menudo, lo que nos mantiene cautivos del enojo son los pensamientos irracionales o las mentiras que nos decimos

a nosotros mismos. Creemos que la verdad hará libres del dolor a nuestros pacientes si buscan genuinamente la verdad.

4. La escritura es espontánea. No les decimos a las personas qué escribir, aunque les explicamos que escribir en formato de carta ha demostrado ser útil.

5. Les pedimos que, cada una de las veces, escriban sobre la misma situación o experiencia. Si tienen muchos problemas para perdonar o necesitan perdonar a varias personas, les pedimos que se concentren en una única situación por vez.

6. Les pedimos que no envíen la carta a quien los lastimó.

7. Nunca pedimos que lean la carta. De hecho, les aconsejamos que la estrujen y la tiren a la basura si así lo desean. Esos son momentos privados, personales y, muchas veces, de lágrimas.

8. Les pedimos que oren durante el proceso.

Durante estos ejercicios de escritura y oración, normalmente, nuestros pacientes encuentran su liberación y una sensación de alivio y paz. Han perdonado en su corazón. Pero, insisto, no es que la sola escritura proporcione el alivio; desde un principio, es el deseo de obtener la sanidad lo que lleva a los pacientes a tomar un lápiz y escribir. Si el corazón no se compromete totalmente a buscar la sanidad mediante el perdón (o si no están comprometidos a buscar la pura verdad sobre su situación), pueden escribir durante años, pero nunca encontrarán el alivio que están buscando.

Mi intención es que usted aprenda que *la terapia narrativa no es un artilugio psicológico.* Es un proceso en el cual la escritura en sí juega solo un papel menor. Igual de importante es la educación que tiene lugar antes de la escritura, que incluye el componente espiritual de destruir mitos, abordar problemas relacionados con el ego, y definir el proceso del perdón de una manera que permita a la persona participar del proceso sin temores ni expectativas irreales.

Ya sea que el método sea la oración, la terapia narrativa, la terapia de exposición o la combinación de las tres, el camino es similar. La sanidad que se obtiene mediante cualquiera de estos métodos es un milagro de Dios.

Después de todo, las técnicas terapéuticas ventajosas de la medicina moderna a menudo no son tan nuevas. Se puede acceder a la sanidad mediante la oración, así como mediante otras técnicas igualmente ventajosas. No debemos eludir nuestros temores: debemos enfrentarlos y perdonar. Pero mientras queramos destruir a quienes nos hicieron daño, nunca encontraremos la capacidad de perdonar. Es fundamental ver el lado humano de quienes nos lastimaron. Mediante la oración y otras técnicas ventajosas, descubrimos que nuestro enojo y nuestro deseo de destrucción se desvanecen. Y cuando bajamos nuestras lanzas descubrimos que Dios está haciendo algo nuevo en nuestras vidas.

Los huaorani

Durante varias generaciones, la tribu huaorani de Ecuador fue una de las culturas más violentas jamás documentadas. La enemistad mortal entre los clanes y los asesinatos por venganza disminuyeron significativamente el número de habitantes de la tribu, casi hasta el punto de su extinción. Hasta un 60% de las muertes entre los huaorani se debía a los asesinatos.[24] Sin embargo, a partir de mediados de la década de los cincuenta, la cultura cerrada y violenta de los huaorani se transformó en una cultura pacífica en un nanosegundo evolutivo. ¿De qué manera? Mediante el perdón.

En 1956, un grupo de cinco misioneros estadounidenses liderados por Jim Elliot y el piloto Nate Saint establecieron contacto con los huaorani de la selva ecuatoriana. Dos días después de un contacto aparentemente amistoso con tres pobladores huaorani, un grupo más grande del mismo clan asesinó con lanzas a los cinco misioneros.

Sin embargo, como respuesta a esos asesinatos se derogó la ley de retribución, *lex talionis* (ley del Talión), y se la reemplazó por una ley muy superior: la ley del amor. No se devolvió mal por mal. Se detuvo el ciclo de violencia. Por primera vez, los huaorani aprendieron otra forma de vida: una que no se dedicaba a la venganza y al odio, sino al amor y al perdón. Con el tiempo, los huaorani llegaron a atribuir ese estilo de vida pacífico y misericordioso a la religión de los misioneros y al Dios que ellos adoraban. Con el tiempo, muchos se convirtieron al cristianismo. Un guerrero huaorani recuerda la experiencia con estas palabras:

> Antes de que llegaran los misioneros y nos enseñaran acerca de Dios, vivíamos con una lanza en la mano. Arrojábamos lanzas por doquier y matábamos a las personas. Después de escuchar a Dios y creer en Él, dejamos de matar a quien se cruzara en nuestro camino. El perdón dio origen a conversiones religiosas, y eso derivó en más perdón y en más conversiones.[25]

Aquí el asunto no es postular el cristianismo como una religión superior, sino iniciar un diálogo que nos ayude a debatir cómo el perdón que demostraron los misioneros cristianos, con tanto sacrificio personal, podría ayudar a transformar nuestra propia sociedad, comenzando por nuestros hogares, escuelas, iglesias, sinagogas y mezquitas.

El apóstol Pablo presenta una lista de comportamientos que, si los practicamos habitualmente, no podremos entrar al reino de los cielos. Entre ellos se encuentran las "enemistades, pleitos... iras".[26]

Si esto es fidedigno (y yo creo que lo es), puede que el paraíso sobre la tierra sea posible si realmente permitimos que el Espíritu de Dios nos aleje del odio y nos lleve al amor mediante el perdón.

Capítulo 12

¿PERDONARSE O ACEPTARSE A UNO MISMO?

¿Por qué hice eso?
SAN AGUSTÍN

Es PROBABLE QUE algunas personas salten a este capítulo sin leer los primeros once. ¿Por qué? Por varias razones, la más obvia de las cuales es que parece ser más difícil perdonarse a uno mismo que perdonar a otros; cualquier cosa que nos ayude a comprender esta dificultad nos ofrece la posibilidad de hallar alivio. Una explicación menos obvia, aunque muy importante, es que al perdonarnos a nosotros mismos estamos resaltando nuestros defectos y debilidades, aspectos en los cuales tendemos a enfocarnos. Es por ello que tenemos una tendencia a:

curiosear en los accidentes de tráfico,
echar un vistazo a fotografías sexys o a vestimentas
    insinuantes,
centrarnos en la característica de la personalidad menos atractiva de los demás, así como de nosotros mismos,

echar una mirada a los animales arrollados en la carretera,
mirarnos con desaprobación en el espejo,
culpar a otros de nuestros errores,
mirar el inodoro antes de tirar de la cadena,
insistir en recordar cosas desagradables, *especialmente* de
   nosotros mismos, y
racionalizar nuestra conducta.

No hay nivel de espiritualidad que nos permita trascender los instintos humanos básicos por más de un breve período de tiempo. Nadie es inmune a los impulsos que nuestro ADN demanda. Y aunque, con la ayuda de Dios, podemos aprender a gestionar nuestras debilidades y satisfacer nuestros apetitos correctamente, experimentamos momentos de debilidad y fracaso. Después de hacer estas cosas (cosas a veces tontas, en ocasiones enfermizas, estúpidas, de las que nos avergonzamos y por las que nos decepcionamos de nosotros mismos) nos preguntamos: ¿Por qué hice eso? A menudo, tenemos miedo de responder, y entonces tratamos de ignorar la pregunta en vez de enfrentarnos a ella.

Alan Jacobs, en su excepcional libro *Original Sin: A Cultural History* [El pecado original: Una historia cultural], nos recuerda que incluso el gran teólogo San Agustín de Hipona tuvo que enfrentarse a esta pregunta básica:

En uno de los pasajes más famosos de sus *Confesiones*, en el cual relata un pecado de su niñez (el robo de peras de la huerta de un vecino) se percibe un tono de desconcierto a lo largo de todo ese pasaje: *¿Por qué hice eso?* Este llegó a ser un tema recurrente para él cada vez que reflexionaba en su vida.[1]

Es un tema recurrente para la mayoría de nosotros. Lo cierto es que hay algo en nosotros que nos hace querer hurgar en nuestros recuerdos viles y perversos. Y cuanto más horrorosa sea la escena de nuestro percance, más solemos pensar y preguntarnos: *¿Por qué* *hice eso?* La respuesta es que estamos viviendo grandes contradicciones. Somos paradojas, y muchas veces nos contradecimos a nosotros mismos; concepto que se plasma excelentemente en esta oración puritana:

> Oh Dios inmutable,
> Bajo la convicción de tu Espíritu me doy cuenta de que cuanto más hago, peor soy; cuanto más conozco, menos conozco; cuanto más santo soy, más pecador soy; cuanto más amo, más necesidad tengo de amar.
> ¡Oh, miserable de mí! Oh Señor, tengo un corazón indomable, y no puedo permanecer tranquilo en tu presencia. ¡Cuán poco amo tu verdad y tus caminos! Descuido la oración, pues pienso que he orado lo suficiente.
> Mi mente es un balde sin fondo, sin entendimiento espiritual, que siempre está aprendiendo, pero nunca alcanza la verdad; que siempre está bebiendo de la fuente del evangelio, pero nunca retiene el agua.
> Mi conciencia carece de convicción o remordimiento, no siente nada de qué arrepentirse. Mi voluntad está desprovista de poder de decisión o de resolución. Mi corazón está falto de amor y lleno de filtraciones. Mis recuerdos no tienen memoria; de modo que olvido fácilmente las lecciones que aprendo, y pierdo las verdades por entre los escapes de mi corazón.
> Dame un corazón quebrantado que pueda retener el agua de la gracia.[2]

Ciertamente, esta oración muestra la complejidad del corazón humano. Somos capaces de mostrar gran amor y bondad; mientras, al mismo tiempo, somos inconstantes y aparentemente incapaces de controlar todos nuestros pensamientos y comportamientos. *¿Por qué hice eso?* Porque así es el ser humano: un enigma vivito y coleando.

Dice la historia que, en una oportunidad, el periódico *The Times* de Londres hizo un sondeo entre los autores famosos, y les preguntó: "¿Qué anda mal en el mundo de hoy?". G. K. Chesterton, escritor y apologista cristiano, respondió con simple y sorprendente sinceridad:

Estimado señor:
Yo.
Sinceramente suyo.
G. K. Chesterton.[3]

Tal vez, al fin y al cabo, los seguidores más sinceros de Jesús son los que viven sin pretensiones de perfección, sino más bien con una aceptación clara (aunque embarazosa) de cuán diferentes a Dios son realmente. Fíjese en esta parábola de Jesús:

A unos que confiaban en sí mismos como justos, y menospreciaban a los otros, dijo también esta parábola: Dos hombres subieron al templo a orar: uno era fariseo, y el otro publicano. El fariseo, puesto en pie, oraba consigo mismo de esta manera: Dios, te doy gracias porque no soy como los otros hombres, ladrones, injustos, adúlteros, ni aun como este publicano; ayuno dos veces a la semana, doy diezmos de todo lo que gano. Mas el publicano, estando lejos, no quería ni aun alzar los ojos al cielo, sino que se golpeaba el pecho, diciendo: Dios, sé propicio a mí, pecador. Os digo que éste descendió a su casa justificado antes que el otro; porque cualquiera que se enaltece, será humillado; y el que se humilla será enaltecido.[4]

La parábola del fariseo y el recaudador de impuestos sugiere que el que encontró favor a los ojos de Dios no fue el fariseo explícitamente piadoso, sino el recaudador de impuestos humilde y contrito, que, consciente de su condición pecadora, imploraba a Dios misericordia.

No mire atrás

Hugh White, un senador de Tennessee, Estados Unidos, del siglo XIX dijo una vez: "Cuando cometa un error, no esté todo el tiempo pensando en él. Busque la razón y luego mire hacia adelante. Los errores son lecciones de sabiduría. El pasado no se puede cambiar. El futuro está aún en sus manos".[5]

Lamentablemente, parece que algunas de las cosas que hemos hecho son tan desagradables y apestosas (y por lo tanto tan irresistiblemente atractivas), que a pesar de cuán repugnante, espiritualmente nocivo o físicamente dañino sea mirar una y otra vez los errores del pasado, queremos al menos *echarles un vistazo*. A veces nos damos cuenta de que nos hemos vuelto adictos a su olor. ¿Por qué? Porque "el olor" confirma lo que siempre hemos sospechado de nosotros: a pesar de nuestra imagen pública, sabemos que, *en nuestro interior*, somos un desastre enigmático y contradictorio.

Insisto en que el hecho de perdonarnos nos da la oportunidad de pensar en las heridas que nosotros mismos nos hemos causado, ya sean reales o imaginarias, y preguntarnos por enésima vez: "¿Por qué hice eso?". Tal vez es por esto que muchas personas saltan a este capítulo sin haber leído los anteriores.

Los pacientes de cáncer, los médicos y los que cuidan a los enfermos

Las investigaciones psicológicas hablan de la enorme necesidad de perdonarse a uno mismo. Por ejemplo, muchas pacientes diagnosticadas con cáncer de mama piensan que pudieron haber prevenido su enfermedad si hubieran sido más proactivas en la prevención. Un estudio concluyó que las "mujeres que se culpaban a sí mismas manifestaron tener mayor irritabilidad y peor calidad de vida que aquellas otras que no se culpaban a sí mismas. Los estudios revelaron que culparse a sí mismo por el cáncer medió, en parte, en la relación entre la actitud de perdonarse a sí mismo y la irritabilidad, así como en la calidad de vida".[6]

Un reciente proyecto investigativo llegó a la siguiente conclusión:

La actitud de perdonarse a sí misma y la espiritualidad podrían beneficiar a las sobrevivientes de cáncer de mama que se culpan por su cáncer. En un centro de tratamiento ambulatorio, ciento ocho mujeres con cáncer de mama, en estadio inicial, respondieron a cuestionarios para evaluar la acción de culparse a sí mismas, perdonarse a sí mismas, la espiritualidad, la irritabilidad y la calidad de vida. Las mujeres que se culparon a sí mismas manifestaron mayor irritabilidad y peor calidad de vida. Las mujeres con una mayor predisposición a perdonarse a sí mismas y mayor espiritualidad manifestaron menor irritabilidad y mejor calidad de vida. Las intervenciones que reducen la acción de culparse a una misma y facilitan el perdón de una misma y la espiritualidad podrían promover una mejor recuperación del cáncer de mama.[7]

En una reciente visita a un grupo de pacientes de cáncer me di cuenta de que no solo las pacientes de cáncer de mama luchan con la necesidad de perdonarse a sí mismas. Todos los pacientes me dijeron que continuamente se preguntan qué podrían haber hecho para prevenir su enfermedad y, por lo general, descubren algo que pudieron haber hecho diferente; por lo tanto, viven con sentimientos de autocondenación.

Un caso real

Esta es una historia genérica que sirve como paradigma para muchas historias no contadas:

En otro tiempo, CM había hecho algo de lo cual estaba tremendamente avergonzado. El tormento siguió durante muchos años. No pasaba ni un solo día sin que CM se lamentara por haber cometido un error tan descabellado. Era como si, literalmente, estuviera tumbado en el suelo pataleando por aquel disparate del pasado.

Un día, CM tuvo un momento de iluminación espiritual

y pudo recapacitar. No fue resultado de algo que hubiera leído, estudiado o aprendido. Antes bien, fue el resultado de preguntarse: *¿Cuánto tiempo vas a seguir recriminándote? ¡Levántate! No eres perfecto. Nadie lo es. Deja de ser tan duro contigo mismo.* Entonces, cansado de juzgarse, se perdonó a sí mismo y decidió dejar de recriminarse. De repente, se sintió mejor y más centrado.

Se cansó de su continua actitud de reproche para con él mismo y se convenció de que era el momento de dejar de lado esa actitud. Igual que Forrest Gump, que después de meses de correr atolondradamente de un lugar a otro del país, de repente se detuvo en medio del desierto de California. Cuando sus seguidores le preguntaron por qué, Forrest dijo: "Porque estoy cansado. Creo que es hora de volver a casa". De modo que CM decidió que era el momento de perdonarse a sí mismo por el disparate que había cometido.

Hasta ese momento, todo bien. ¿Acaso hay alguien que no se identifique con este hombre? Todos hemos hecho cosas que desearíamos no haber hecho, hemos soportado el dolor de aborrecernos a nosotros mismos durante un tiempo y después hemos decidido seguir adelante. Supongo que, a simple vista, algunos lectores podrían ridiculizar a CM por querer encontrar la paz personal.

¿Qué pasaría si...?

¿Pero qué pasaría si el "error" del que él estuviera "tremendamente avergonzado" fuera el abuso sexual de un menor? Este caso hipotético suscita varias preguntas importantes:

- ¿Debería él mismo mitigar el cansancio de su propia carga? ¿Debería alentarse a aliviar su dolor?
- En términos de moralidad, ¿debería tener CM el derecho a dispensarse a sí mismo de la gravedad de su conducta?
- ¿En qué momento, si existiere, en términos de moralidad, es procedente perdonarse a uno mismo?

- Por otro lado, si este libro estuviera disponible para presos condenados a muerte, ¿quiero simplemente que aprendan la lección de: "Miren, yo sé el tormento que están padeciendo, pero realmente deberían perdonarse a ustedes mismos"?

- ¿Es que, de repente, son tan irrelevantes las consecuencias de la conducta de CM en la vida y en la familia del niño abusado sexualmente, que ahora estamos apoyando a CM para que "encuentre la paz personal"?

No estoy sugiriendo que CM no pueda recibir el perdón de Dios o incluso el del niño abusado; sino: ¿deberíamos ofrecerle la solución de perdonarse a sí mismo? ¿Deberíamos realmente alentar a este hombre a perdonarse como si fuera lo único importante? ¿O deberían ser su conducta y su delito algo que no olvidara jamás, una carga que llevase toda su vida y por la que siempre debería aceptar cierto sentido de responsabilidad personal, aunque puede que siempre le resultara embarazoso y conflictivo?

El dilema ético

El dilema ético creado por esta historia es el siguiente: ¿Debería ser el deseo de obtener la salud emocional el único factor determinante para decidir si perdonarse a sí mismo es la cura apropiada para el sufrimiento interno? ¿Es el abatimiento emocional de un individuo una pauta suficiente para perdonarse a sí mismo? ¿O vivimos en una cultura que cree que el malestar personal es tan detestable que debería ofrecerse cualquier remedio, ya sea fácil o difícil, para aliviar el dolor?

Hay al menos tres remedios obvios para el dolor y el tormento personal asociados con la transgresión:

1. No hacer nada, con lo cual no se aliviará el dolor.
2. Perdonarse a sí mismo, lo cual, en teoría, libera al individuo de su pasado doloroso.
3. Aceptarse a sí mismo, lo cual incluye afrontar la realidad y aceptar la responsabilidad por los propios actos y crear una

gran cantidad de posibilidades más saludables como el arrepentimiento, la restitución, etc.

Culparse y perdonarse a sí mismo

Diversas investigaciones sostienen la idea de que, a menudo, las personas se culpan a sí mismas por sus enfermedades. Básicamente, culparse a sí mismo significa pensar negativamente acerca de uno mismo. Los terapeutas suelen ofrecer como antídoto la opción de *perdonarse a sí mismo*. Sin embargo, para que haya perdón debe haber una falta. Para que alguien se perdone debe haber algo que la persona haya hecho (o no) que haya causado la enfermedad o una situación indeseable. ¿Qué pasaría en una situación en la que, con conocimiento de causa, no hubiera nada que una persona debería haber hecho o podría haber hecho de manera diferente, y sin embargo soporta una enfermedad u otros padecimientos?

Es importante recordar que nuestra mente subconsciente no puede distinguir entre una amenaza real o imaginaria. Independientemente de si podríamos haber prevenido una situación o enfermedad, si pensamos que podríamos haberlo hecho, nuestro cuerpo responderá a lo que pensemos y creará una gran cantidad de emociones y respuestas biológicas negativas. Si un problema es real para el paciente, es un problema real. Esto es así incluso fuera del ámbito de la enfermedad.

Por ejemplo, vamos a decir que dos abuelos le permiten a su nieto conducir su vehículo todo terreno en su granja, siempre y cuando use un casco y conduzca de manera segura. Sin embargo, al poco tiempo el joven tiene un accidente con el vehículo, que lo deja con terribles lesiones cerebrales y otros múltiples traumas. Los abuelos han sido diligentes y se lo permitieron con la condición de que usara su casco y condujera de manera segura; pero, aun así, están desolados por el resultado del accidente.

Con esta ilustración trato de crear una situación de completa inocencia (lo opuesto a la situación de CM) en la cual, frente a eso, el accidente simplemente es un hecho inevitable, la clase de cosas que suceden cada día. No podemos predecir todo lo que nos va a suceder; no podemos tomar todas las precauciones posibles. Aparte de que seríamos demasiado neuróticos, nadie puede vivir la vida de esa manera.

De esta situación hipotética surgen algunas preguntas naturales:

- ¿Deberían sentirse culpables los abuelos?
- Si ellos no hicieron nada malo y ese fue solo un accidente inevitable, ¿sería bueno, positivo y procedente aconsejarles que se perdonen a sí mismos?
- ¿Sería favorable para ellos?
- ¿Podría ser perjudicial?

Para que alguien se perdone a sí mismo debe haber una falta. Si no se ha cometido ninguna falta, no hay necesidad de perdonarse. Cabe mencionar aquí una frase del abogado Johnny Cochran: *Si el guante no le calza, queda absuelto de todos los cargos.* En nuestro ejemplo, sería un remedio totalmente improcedente que se perdonaran a sí mismos, porque requeriría que los abuelos aceptasen la responsabilidad de algo que no estaba bajo su control, algo de lo cual no son culpables.

Pienso que no importa cuán inocentes sean los abuelos o qué consejo les demos... ellos seguirán sintiendo un profundo dolor durante el resto de sus vidas, simplemente porque ésta es la naturaleza del corazón humano. Más aún, las únicas personas a quienes aliviará la posibilidad de perdonarse a sí mismos como solución a su dolor serán los bienintencionados amigos y consejeros que se lo aconsejen. Es probable que los abuelos se lleven su dolor y su culpa a la tumba.

Del mismo modo, los médicos suelen sufrir cuando fracasa un tratamiento que recetan, incluso después de haber hecho sus máximos esfuerzos.[8] Los que cuidan del enfermo también sufren por asuntos que tienen que ver con perdonarse a sí mismos, porque a menudo sienten como si no hicieran lo suficiente para ayudar a sus seres amados.[9]

Conozco a un hombre que vive condenándose a sí mismo por

haber permitido que su hijo se compre y conduzca una motocicleta, con fatales consecuencias. Los fumadores que se enfrentan a un cáncer de pulmón a menudo terminan aborreciéndose a sí mismos. Yo tengo mi propia lista de cosas que desearía no haber hecho. Seguramente usted también. Nadie discutiría que la necesidad de sentirse libre de las cargas del pasado es enorme; pero ¿perdonarse a sí mismo es el mejor consejo que podemos dar? ¿O es simplemente el más fácil?

¿Existe tal cosa como el perdón a uno mismo?

Como ya hemos visto, perdonarse a sí mismo es complicado y confuso. Expertos en el ámbito del perdón, como Michael McCullough, se refieren a perdonarse a sí mismo como un "concepto confuso". Everett Worthington ha escrito acerca del problema inherente de perdonarse a sí mismo: "Para perdonarme a mí mismo, tengo que cumplir dos roles al mismo tiempo. Soy la víctima y me doy cuenta de que mi transgresión me ha dañado en lo más profundo de mi ser. Pero, también soy el transgresor: el que he cometido la transgresión. Esta dualidad en los roles hace que perdonarse a sí mismo sea complicado".[10]

Además, Paul Vitz y Jennifer Meade argumentan convincentemente que es imposible tener cierto grado de objetividad cuando nos perdonamos a nosotros mismos. Al fin y al cabo, no podemos ser tanto jueces como jurado, y confiar que el veredicto emitido no sea nada más que un intento de encontrar alivio de los recuerdos que nos atormentan mediante una experiencia de "perdón barato".

Estos sentimientos negativos pueden ser experiencias de soledad, tristeza, depresión, odio hacia uno mismo y condenación, que son las principales expresiones clínicas que llevan a la terapia de perdonarse a sí mismo. Estos son prototipos bien reales de sufrimiento, que necesitan merecidamente una respuesta. Sin embargo, se cree que tales sentimientos dolorosos persisten debido a razones distintas a la falta de perdón hacia uno mismo.[11]

Se busca merecidamente una respuesta

A lo largo de la historia, el ser humano ha tratado de encontrar la manera de resistirse a la acción de condenarse y culparse a sí mismo. Los griegos, los romanos, los babilonios, los hititas, los egipcios y los judíos ofrecían sacrificios a los dioses. En la antigüedad, los judíos ofrecían un *olah* (que significa "algo que se eleva"), la ofrenda de un animal o de grano, que se consumía en el fuego, como una expiación por el pecado, la cual servía no solo como una expiación o reparación por cualquier cosa que se hubiera hecho, sino también como mecanismo que Dios usaba para ayudar a su pueblo a aliviar su culpa y su vergüenza. Los cristianos obtienen su expiación con Dios por medio de la muerte sacrificial de Jesús en la cruz.

La idea aquí es que, a lo largo de la historia, personas por doquier han luchado con la carga psicológica y emocional provocada por transgresiones reales o imaginarias. Personas de toda época y lugar han estado buscando una respuesta.

La iluminación espiritual

La palabra griega para "iluminado" es *photizo*, que deriva de la raíz *phos*, que significa "luz". *Photizo* se define de la siguiente manera:

1. dar luz, brillar
2. iluminar, alumbrar, aclarar
3. sacar a la luz, hacer evidente
    a) hacer que algo exista, de tal manera que salga a la luz y sea evidente para todos
4. iluminar espiritualmente, infundir conocimiento de la salvación
    a) instruir, informar, enseñar
    b) ayudar a comprender mejor.[12]

Ser *iluminado* significa encontrar conocimiento y entendimiento espiritual. Y aunque el proceso del perdón (tanto el perdón a sí mismo como interpersonal) incluye cada uno de estos aspectos, la Biblia rechaza la idea de que los seres humanos puedan iluminarse a sí mismos. Por ejemplo, en el Antiguo Testamento leemos:

Tú encenderás mi lámpara;
Jehová mi Dios alumbrará mis tinieblas.[13]

Y en el Nuevo Testamento:

Porque es imposible que los que una vez fueron iluminados y gustaron del don celestial, y fueron hechos partícipes del Espíritu Santo, y asimismo gustaron de la buena palabra de Dios y los poderes del siglo venidero, y recayeron, sean otra vez renovados para arrepentimiento.[14]

Según la Biblia, Dios es el autor de todas las cosas buenas, incluso de la iluminación espiritual. La inspiración, el conocimiento y, más importante, la sabiduría, son dones de Dios, como se dice en el libro de Proverbios:

Porque Jehová da la sabiduría,
Y de su boca viene el conocimiento y la inteligencia.[15]

Podemos discutir sobre cuál es la religión más iluminada espiritualmente. Podemos debatir la superioridad de una filosofía sobre otra, analizar los puntos fuertes y débiles de cada argumento y analizar las palabras de cada filosofía y sus significados; pero no podemos ignorar el hecho de que somos seres humanos imperfectos y corruptos con la necesidad de algo más que perdonarnos a nosotros mismos. En la Biblia, cuando el rey David trata de encubrir su adulterio con Betsabé y envía a su esposo, Urías, a morir al frente de batalla, Dios no le dice a David que se perdone a sí mismo "porque todos cometen errores".[16] Y cuando Jesús colgaba de la cruz, no miró a los que estaban allí reunidos y les dijo: "Perdónense a ustedes mismos. No saben lo que están haciendo".[17]

Perdonarse a sí mismo no es un concepto bíblico

Aunque la Biblia reconoce la necesidad existencial de buscar y encontrar el alivio emocional y espiritual de la carga provocada por el pecado, no nos ofrece una receta para perdonarnos a nosotros mismos. Sencillamente, no está en la Biblia. Por otra parte, la Biblia tampoco menciona ni explica muchos otros temas importantes. Por ejemplo, responde a preguntas importantes como éstas:

1. ¿De dónde vino Dios?
2. Si Dios creó a la humanidad para su placer y propósito divinos, ¿por qué nos dio la capacidad de cometer errores que no le complacen?
3. ¿Pudo haber creado Dios un mundo mejor?
4. ¿Por qué Dios permitió que la pobreza, el hambre, la bajeza humana y la maldad formen parte de la realidad de nuestra existencia diaria?

Estas preguntas, tan importantes para nosotros, se ignoran por completo.

La lista de preguntas que la Biblia no responde (al menos con un cierto grado de satisfacción) es larga. Lamentablemente, entre esas preguntas se encuentran estas dos:

¿Puedo perdonarme a mí mismo?
Si es así, ¿debería hacerlo?

Independientemente del hecho de considerar la Biblia como la Palabra inspirada de Dios o simplemente como un archivo de más de cuatro mil años de literatura sapiencial, entre sus páginas no encontramos un dictamen, enseñanza o mandato a perdonarse a uno mismo.

El perdón, según la Biblia, solo es de Dios para sus hijos; y dado que hemos sido creados a semejanza de Dios, debemos perdonarnos unos a otros, como hijos de Dios. Podríamos argumentar que Dios no tuvo la intención de permitir que sus criaturas ignoraran o borraran sus errores pasados como si nunca hubieran sucedido, y que simplemente se libraran a sí mismos del dolor y la culpa del pasado.

Parece ser que la Biblia no prescribe perdonarse a sí mismo. Tenemos antídotos para el dolor, pero esos antídotos no incluyen el perdonarse a sí mismo.

El efecto dominó de nuestro comportamiento: Las consecuencias subrepticias

Además, es imposible calcular las implicaciones y repercusiones de nuestros errores. Como la Biblia nos recuerda, Dios visita los pecados de los padres sobre los hijos hasta la tercera y cuarta generación.[18] ¿Quién soy yo para *perdonarme a mí mismo*, al saber que las consecuencias de mi comportamiento probablemente afecten a la vida de mis hijos y mis nietos?

Por ejemplo, si un padre es un ladrón y sus hijos siguen sus pasos, puede que, en algún momento, él se sienta mal al enterarse de que uno de ellos ha sido arrestado por robar. Puede que incluso se lamente de haber sido tan mal ejemplo y (en teoría) se perdone a sí mismo por haberlo sido. Hasta aquí, todo bien. Pero, ¿cómo se sentirá la próxima vez que roben? ¿Y la próxima vez? ¿Y la siguiente? Tal vez, sería mejor preguntar: ¿Cómo *debería* sentirse? ¿Debería sentirse responsable? ¿Avergonzado? ¿Indiferente?

O, del mismo modo, puede que un padre le enseñe a su hijo, directa o indirectamente, que la vida consiste en ganar dinero y acumular riquezas. Por lo tanto, el hijo llega a obsesionarse con el materialismo, sólo para darse cuenta de que cuánto más dinero gana, más vacío espiritual y emocional siente. Después de todo, el dinero no trae la felicidad. El padre es testigo de la decadencia de su hijo y se lamenta de no haberle enseñado que en la vida había más que grandes inversiones financieras. El padre se perdona a sí mismo por haber sido un padre imperfecto, después de que internen a su hijo en un centro de rehabilitación por primera vez. ¿Cómo debería sentirse después de la segunda reincidencia? ¿Insensible e indiferente? ¿Responsable? ¿Avergonzado?

La cuestión principal es ésta: ¿qué logramos con perdonarnos a nosotros mismos? En situaciones como éstas he sugerido que perdonarse a sí mismo parece ser demasiado caprichoso e indulgente con uno mismo, aunque esto proporcione momentos fugaces de alivio emocional. Éticamente, perdonarse a sí mismo parece ser improcedente, incluso cuando la carga sea comprensiblemente difícil.

A la vista de esta realidad, ¿qué promesa nos ofrece perdonarnos a nosotros mismos? Algo que nunca podrá hacer es detener el efecto dominó de nuestro comportamiento. Nuestros pecados seguirán afectando la vida de otros de manera subrepticia y con consecuencias imprevistas.

Las investigaciones recientes

Con respecto al concepto de perdonarse a sí mismo, Paul Vitz y Jennifer Meade hacen las siguientes observaciones.

- En décadas pasadas, en Estados Unidos, perdonarse a sí mismo parecía estar ausente en toda la literatura psicológica.
- Aunque el concepto distintivo del perdón interpersonal tenga raíces profundas y antiguas en el judaísmo y el cristianismo, en ninguna parte de estas antiguas tradiciones se instruye a sus seguidores a perdonarse a sí mismos. Más bien se enseña lo opuesto: solo Dios o la persona contra la cual se ha pecado pueden perdonar una transgresión.
- El concepto de perdonarse a sí mismo es muy reciente, tiene apenas una moderada validación psicológica, y muy poca, o ninguna, justificación teológica.
- No es de extrañar que la teoría de perdonarse a sí mismo se haya desarrollado en el presente período cultural con su fuerte énfasis en el individualismo autónomo y narcisista.[19]

¿Es posible que el concepto de perdonarse a sí mismo sea simplemente el resultado de que personas impías buscan respuestas impías? ¿Se trata de una expresión de nuestra capacidad innata de racionalizar nuestras acciones, para evitar que nuestro ego se desplome bajo el peso de nuestra vergüenza? ¿Es la continuidad lógica de la cultura de autoayuda, la cual, al alentar a las personas a buscar su felicidad, trata de abrirse camino a través del dolor inevitable para llegar a un estado de mayor gratificación emocional?

Tal vez, pero no es tan sencillo. Como señalan Vitz y Meade, los partidarios más comunes de perdonarse a sí mismo son los "psicólogos religiosos".[20] Confieso que en ocasiones participé de estos debates, dado que a veces perdonarse a sí mismo parece ser la solución rápida a un sufrimiento innecesario.

Pero hay un problema: después de dar mi sabio consejo, es probable que yo sea el único que se sienta mejor. Para aquellos que saben cuáles son las implicaciones de su comportamiento, para aquellos que entienden que no son "islas, sino parte de algo mayor", perdonarse a sí mismos casi nunca da resultado. Su consciencia no les permitirá sentirse indiferentes.

El primer paso hacia el perdón, por lo general, se alcanza de rodillas

Si el narcisismo es un impedimento para el perdón, entonces su antídoto es la humildad. Michael McCullough, Kenneth Pargament y Carl Thoresen definen la humildad de esta manera:

Ser humilde no es tener una opinión negativa de sí mismo, sino una opinión de sí mismo que no sea mejor ni peor que la opinión que uno tiene de los demás. Es la capacidad de poner en perspectiva nuestros talentos y nuestros logros. Es tener un sentido de aceptación, un entendimiento de nuestras imperfecciones y ser libre de la arrogancia y la baja autoestima. La humildad se ha asociado a cierto número de beneficios para la salud, ya que la falta de humildad es un factor de riesgo para las enfermedades coronarias. Entonces, no es de extrañar que la humildad desempeñe una función tan vital en el proceso del perdón. Para perdonar, debemos tener la capacidad de identificarnos con otros y verlos más que como meras extensiones de nosotros mismos. Debemos ser capaces de sentir cierto grado de interés social, la disposición a admitir un rol personal en las disfunciones relacionales y una preocupación y compasión genuinas por otros, motivadas por la reconciliación.[21]

La mejor y la más segura de las redes

Independientemente del hecho de que se trate de perdonarse a sí mismo o perdonarse unos a otros, la mejor y la más segura de las redes a la cual podemos saltar es la aceptación de nosotros mismos. ¿Por qué? Porque no podemos cambiar el pasado.

Lo que hicimos, ya pasó; y con el solo hecho de perdonarnos a nosotros mismos a fin de sentirnos mejor, tenemos poca o ninguna probabilidad de que nuestra vida cambie. El camino psiconeurológico hacia el alivio que se ofrece a un alma herida no debería desviarse de la responsabilidad personal. Perdonarse a sí mismo ofrece un desvío y un atajo... una salida fácil. Sin embargo, podría hacernos volver al punto de partida... a la realidad de lo que hemos hecho.

Incluso para un asesino cruel, la aceptación de sí mismo requiere enfrentarse a la realidad, lo cual puede llevarlo a la posibilidad de una nueva vida. El apóstol Pablo, antes de su conversión, perseguía a muerte a los cristianos y fue un espectador de la lapidación de Esteban, el primer mártir cristiano.[22] El rey David mandó matar a Urías el heteo para ocultar un pecado. Si hubo esperanza para estos dos hombres, entonces la hay para todos nosotros.

La aceptación de uno mismo ofrece una manera legítima y positiva de alcanzar la sanidad: la mejor vía de escape de un pasado doloroso.

Estoy de acuerdo con Paul Vitz y Jennifer Meade en cuanto a que la "aceptación de sí mismo" es lo que mejor describe los procesos emocionales y espirituales, que a menudo se definen como "perdonarse a sí mismo". Puedo aprender mucho más al aceptarme a mí mismo como persona imperfecta. Puedo aceptar que mis errores afectarán a mi vida y a la vida de otros, incluso de las personas que más conozco y más amo. Puedo aceptar la responsabilidad de mis actos y tratar de corregir el mal que he hecho. Pero, ¿perdonarme a mí mismo? ¿Ignorar mis faltas como si nada hubiera pasado? Creo que no. Un investigador describió a aquellos que se perdonan a sí mismos con estas palabras:

> La persona que se perdona a sí misma... es narcisista, egocéntrica y demasiado segura de sí misma, al igual que carente de una vergüenza o culpa pertinentes. Sin embargo, para empezar, si la persona no es narcisista, al parecer, es probable que llegue a serlo cada vez más a través del proceso de perdonarse a sí misma.[23]

La Biblia infiere, desde el mismo principio, que la condición humana es absoluta y completamente imperfecta. Desde el principio, todos hemos sido imperfectos. Adán comió la manzana. Abraham le mintió a Faraón acerca de la identidad de su esposa y permitió que la llevaran para formar parte de su harén sin decir ni siquiera "¡oye, espera un minuto!". Todos los patriarcas fueron imperfectos, incluso el rey David, del que a pesar de todo se habla como "un varón conforme al corazón de Dios".[24]

La belleza del testimonio bíblico es que rehúsa hacer que la condición humana parezca menos depravada o más humana de lo que realmente es. La Biblia no muestra a Abraham como la versión pulida de un hombre perfecto. Lo muestra como un hombre imperfecto, pero con una gran fe.

Las vidas de todos los grandes personajes bíblicos, tanto de hombres como de mujeres del Antiguo y Nuevo Testamento, son desvergonzadamente transparentes y expuestas. ¿Por qué? Porque eran como nosotros: un *desastre*. Nosotros somos imperfectos y cometemos errores.

Según un biógrafo de C. S. Lewis, al gran autor y apologista cristiano le encantaba nadar desnudo. Thomas Merton, sin dudas, uno de los escritores católicos romanos más influyentes de mediados a fines del siglo XX, mantuvo una breve y tórrida aventura amorosa con Margie Smith, además de otras conductas indecorosas. La cantautora Joan Baez, que era amiga de Merton, dijo una vez de él: "Ver cómo bebía y amaba me hacía ver que los grandes también son humanos".[25]

No estoy ofreciendo excusas o probando la legitimidad de la conducta de nadie. No estoy sugiriendo que aprendamos a tolerar la conducta inapropiada, inmoral o no ética de ningún miembro del clero ni de nadie. Lo que estoy diciendo es que debemos tomar conciencia.

El hecho es que solemos errar de maneras increíbles. Y nunca hubo registros en la historia de que esto haya sido diferente. Cometer errores es una parte lamentable, pero innegable de nuestro ADN. Si perdonarnos a nosotros mismos fuera un mandato, nos pasaríamos todo el día, y cada día, ocupados en el esfuerzo similar de tratar de cambiarnos el color de la piel, y con el mismo resultado.

La vida tal y como es

Cualquier receta para la aceptación de uno mismo debería incluir el siguiente ingrediente: la propia aceptación de la humanidad, *tal y como es*; no de *la humanidad perfecta* que hubiéramos esperado que fuera en otra vida y otra época. Este concepto se ha plasmado magistralmente en la segunda mitad menos conocida de *La oración de la serenidad* de Reinhold Niebuhr:

Dios, concédeme serenidad para
aceptar las cosas que no puedo cambiar,
valor para cambiar las cosas que puedo cambiar,
    y sabiduría para conocer la diferencia;
Viviendo un día a la vez;
Disfrutando un momento a la vez;
Aceptando dificultades como el camino a la paz;
Aceptando, como hizo Él, este mundo pecador
tal como es, no como yo lo tendría;
Confiando que Él hará bien todas las cosas
si yo me rindo a su voluntad;

Que yo sea razonablemente feliz en esta vida
y supremamente feliz con Él
Para siempre en la próxima.
Amén".[26]

Una barrera que enfrentan la mayoría de los miembros de las organizaciones religiosas, incluso del cristianismo, es que los de afuera los ven como hipócritas. Lamentablemente, cuando nos acusan de ser hipócritas, pocos de nosotros saben cómo responder a la acusación. A un nivel más profundo, podríamos incluso estar de acuerdo con nuestro acusador, porque conocemos nuestro propio corazón y no llegamos a estar a la altura de nuestras propias expectativas, mucho menos de las de los demás. Pero, ¿somos hipócritas?

Como R. C. Sproul nos recuerda convincentemente, los hipócritas son aquellos que dicen una cosa y hacen otra. Los cristianos no somos hipócritas, porque no afirmamos ser perfectos,[27] sino todo lo contrario. Admitimos que fallamos de muchas maneras, desde que sale el sol hasta que se pone; pero Dios nos ama a pesar de nuestros defectos y nuestros errores, de la misma manera que amó al rey David, a Abraham, a Adán y a todos los otros patriarcas y héroes de la fe imperfectos. Las buenas nuevas (el evangelio) son que Dios nos ama, a pesar de nuestra maldad.

Debemos aceptar el mundo, incluso nuestra parte en él, *tal y como es, no como nos hubiera gustado que fuera.*

¿Qué debería hacer con este dolor que siento?

Si como yo propongo (igual que otros) la meta no es perdonarnos a nosotros mismos, como la psicología moderna sugiere, ¿entonces qué? ¿Qué deberíamos hacer con nuestro dolor?

Después de la tragedia…

Después de que se nos haya diagnosticado una enfermedad inevitable…

Después de haber cometido un error y haber hecho algo inexplicable…

Después de preguntarme a mí mismo: "¿Por qué hice eso?"

¿Qué debería hacer con este dolor que siento? Viktor Frankl, el famoso superviviente del holocausto y destacado psicoterapeuta, a menudo comenzaba sus sesiones de consejería con la pregunta: "¿Por qué no se suicida?". Partiendo de allí, se dice que él encontró la base de su psicoterapia, un estilo llamado *logoterapia*. Su objetivo era "tramar las débiles hebras de una vida resquebrajada en una estructura firme de sentido y de responsabilidad".[28] El reto de cada consejero o terapeuta es ayudar a "despertar en un paciente el sentido de la responsabilidad de vivir por algo, independientemente de lo desalentadoras que puedan ser sus circunstancias".[29]

Ya sea que seamos supervivientes inocentes del holocausto o culpables de transgresiones, la solución que Frankl ofrece a los que sufren es la misma: resistir la tentación comprensible de perdonarnos a nosotros mismos, y en cambio preguntarnos: *¿Qué nos demanda la vida (Dios)?*

En vista de nuestros errores, Dios espera algo de usted y de mí; y no es que nos perdonemos a nosotros mismos. No es que escapemos a nuestros problemas por medio de la culpa, la racionalización o el perdón a nosotros mismos. No es asumir una conducta masoquista mediante la cual nos castiguemos a nosotros mismos. No es buscar la salida rápida de aliviar nuestro dolor o escapar de nuestras circunstancias.

La consecuencia de nuestras maldades no es que encontremos la manera de aliviar el dolor al perdonarnos a nosotros mismos. En mi opinión, alentar a mis pacientes a perdonarse a sí mismos les provocaría más ansiedad; porque les estaría pidiendo que hicieran algo que no se puede hacer (como en el caso de los abuelos del ejemplo anterior), o estaría fomentando en ellos tendencias narcisistas (como en el caso de CM, el pederasta). En cierto momento, nuestra vida debe centrarse en *nosotros*, no en *mí*.

Antes bien, deberíamos hacernos esta pregunta: en vista de mi situación desalentadora, ¿qué demanda Dios de mí? La Biblia enseña que Dios nos exige responder de las siguientes maneras (para empezar):

- Aceptar el 100% de responsabilidad por nuestra conducta;[30]
- arrepentirnos, volvernos a Dios y demostrar nuestro arrepentimiento mediante buenas obras;[31]
- ser fieles con nosotros mismos, porque la verdad nos hará libres;[32]
- confesar nuestros pecados;[33]
- perdonar a otros sus ofensas;[34]
- hacer justicia, amar misericordia y humillarnos ante Dios;[35]
- aceptar que algunos recuerdos dolorosos son "aguijones" que no serán extraídos.

El apóstol Pablo escribe:

Me fue dado un aguijón en mi carne, un mensajero de Satanás que me abofetee, para que no me enaltezca sobremanera; respecto a lo cual tres veces he rogado al Señor, que lo quite de mí. Y me ha dicho: Bástate mi gracia; porque mi poder se perfecciona en la debilidad. Por tanto, de buena gana me gloriaré más bien en mis debilidades, para que repose sobre mí el poder de Cristo. Por lo cual, por amor a Cristo me gozo en las debilidades, en afrentas, en necesidades, en persecuciones, en angustias; porque cuando soy débil, entonces soy fuerte.[36]

Lo principal aquí es que algunos aguijones, independientemente de cómo llegaron, no serán extraídos por Dios ni por nadie. Son el "vestido de cilicio", que Dios nos pone como recordatorio tanto de que Dios nos cuida como de que nos disciplina.

Podemos quejarnos de nuestros aguijones o podemos aceptarlos. Podemos ser desdichados o podemos encontrar propósito y sentido e incluso gozarnos en medio de nuestro sufrimiento y dolor. Los aguijones están allí por una razón, con un propósito que podría ser bastante obvio o que siga siendo un misterio. En realidad podrían ser vestigios de supervivencia, que sirven como una advertencia de las amenazas de un pasado lejano. Para algunas personas, lo único peor que recordar una transgresión es repetirla. En este caso, el aguijón sirve como un recordatorio, y debería recibirse bien en vez de resistirse a él.

Sea bueno con usted mismo.

Aprenda las lecciones, adquiera sabiduría, tenga cuidado con los recuerdos, y siga adelante, aunque sea cojeando.

Recuerde que usted es una de las personas más importantes de su vida. Igual que el resto de nosotros, usted tampoco es perfecto.

La Biblia no ofrece la opción de perdonarse a sí mismo como una solución para nuestros errores. La Biblia ofrece la gracia redentora que el Dios comprensivo y compasivo les concede a las personas que se aceptan a sí mismas por lo que verdaderamente son, no por lo que pretenden ser; por quienes son, no por quienes desearían ser.

¿Se perfecciona el poder en la debilidad? Cuando soy débil, ¿entonces soy fuerte? Esto es lo que Dios demanda de mí, y creo que también de usted: ser fuerte en la debilidad. Otra paradoja.

¿Cuán desalentadoras son sus circunstancias? En vista de éstas, ¿qué demanda Dios de usted?

CONCLUSIÓN

Procure calmarse rápidamente

RECORDARÁ QUE EN un capítulo anterior mencionamos el proverbio: "El fuego que cae sobre la tierra desprovista de hierba, se extingue por sí solo". Esta enseñanza indica la posibilidad de que cuando —no si— las personas nos lancen llamaradas de acciones y comentarios hirientes y alevosos, no estallemos de ira, enojo y odio como respuesta, ya que nuestro corazón es una "tierra desprovista de hierba".

Con la ayuda de Dios, podemos cultivar el terreno de un corazón desprovisto de hierba, para que cuando otros nos lastimen o, incluso, nos lastimemos a nosotros mismos, podamos calmarnos rápidamente. Como Jesús, Nelson Mandela, los amish, Jayne, Russie, Cathy, Rich y Sharon. Como los guerreros huaorani, que aprendieron, con el ejemplo de otros, a no herir con lanza.

Como es de esperar, al parecer, las personas a las que más necesitamos perdonar son las que tratamos más a menudo. Cónyuges. Compañeros de trabajo. Hijos. Vecinos. Debido a que la familiaridad conduce al menosprecio, muchas veces nos cuesta perdonar a quienes más conocemos; ellos parecen clavarnos el puñal o la lanza con más frecuencia. Ya sea en pequeñeces (y a veces en gran manera) las personas francamente son exasperantes. A menudo les digo a mis pacientes que es más fácil perdonar a alguien que murió hace treinta años, que a la persona con la que dormimos cada noche. ¿Cómo relacionarnos con estas personas ocasionalmente difíciles? ¿Cómo hacer frente a las irritaciones que se producen tan solo por estar cerca de ellas?

Debemos evitar que el terreno de nuestro corazón se llene de hierba. Debemos cultivar un corazón perdonador que espere que el ser humano actúe como tal, aunque eso signifique la traición de un amigo de confianza. El rey David estaba decepcionado cuando escribió:

> Aun el hombre de mi paz, en quien yo confiaba,
> el que de mi pan comía,
> alzó contra mí el calcañar.[1]

¿Por qué deberíamos sorprendernos o irritarnos cuando alguien nos toca la bocina en cuanto la luz del semáforo se pone verde, o cuando alguien nos dice algo hiriente y cruel? Antes me ponía furioso; pero ahora me río y digo: "¡Huy!, alguien que no es feliz".

El corazón perdonador no devuelve mal por mal; sino que entiende que la condición humana es tan imperfecta que hacer cosas inapropiadas e hirientes es lo que los seres humanos imperfectos hacen inevitablemente.

Nos preguntamos: *¿por qué hacen eso?* Pero no debemos olvidarnos que también nosotros tenemos que hacernos esta pregunta.

Perdone a aquellos que lo persiguen. Busque la justicia si lo han lastimado a usted (o a otros). Pero espere decepcionarse de los demás; incluso de aquellos que más conoce y más ama. Bendígalos, no los maldiga.

Un corazón cuyo terreno está desprovisto de hierba:

> *Espera* que las personas perturben su paz;
> *Espera* que las personas actúen egoístamente;

Espera que las personas hagan o digan cosas hirientes;
Espera que las personas, en ocasiones, traten de arrebatarle
lo que tanto ama, como por ejemplo su buen nombre y una
buena reputación, o incluso alguien tan especial como un
padre, hijo, cónyuge o amigo.

Mi colega, Charlotte Witvliet, aprendió acerca del perdón después de la trágica pérdida de su padre en un accidente automovilístico evitable. ¿Y el conductor que provocó el accidente? Ella lo perdonó.

Ev Worthington, un investigador en el campo de la educación del perdón, llegó a su casa un día y encontró a su madre salvajemente asesinada. ¿El asesino? Ev lo perdonó.

Los amish de Nickel Mines, Pensilvania, perdonaron al asesino de los niños inocentes de aquella escuela. ¿Cómo pudieron perdonar tan fácilmente? Se esforzaron por cultivar un terreno desprovisto de hierba en su corazón para cuando hiciera falta.

¿Mis enemigos? Perdonados.

¿Y los suyos? Perdónelos y deséeles el bien.

Prepare su corazón día a día. Ore por sus enemigos. Ore por aquellos que lo persiguen. Ore por usted mismo, y prevea sus propias transgresiones diarias.

Y cuando lancen la llamarada de una ofensa al terreno de su corazón, que no encuentren hierba, sino una cosecha fructífera de amor y perdón. Procure aceptar la vida y las personas como son, no como usted quiere que sean.

EPÍLOGO

La historia de Eva

Cómo sobreviví al "ángel de la muerte"
por Margo O'Hara[1]

Eva Mozes Kor y su hermana melliza, Miriam, sobrevivieron al Holocausto y el campo de concentración de Auschwitz, donde casi setenta mil[2] personas murieron durante la Segunda Guerra Mundial. Las muchachas tenían diez años cuando entraron al campo de concentración, y pasaron nueve meses allí antes de ser liberadas. Las mellizas, Eva y su hermana, fueron sometidas a crueles experimentos, tratamientos e inyecciones bajo la dirección del Dr. Josef Mengele, también conocido como el "ángel de la muerte".

…[Eva] superó su dolor al perdonar a los responsables del Holocausto, incluso al Dr. Mengele. Hace poco, escribió un libro para jóvenes, *Surviving the Angel of Death* [Cómo sobreviví al "ángel de la muerte"], y anteriormente había sido el tema de la historia documental *Forgiving Dr. Mengele* [Cómo perdoné al Dr. Mengele]…

¿Cuál es su mensaje acerca del perdón?

Lo interesante acerca del perdón es [que] no se centra en el perpetrador. Las víctimas [que no perdonan] siempre se están preguntando ¿Por qué me hicieron lo que me hicieron? "Si pudiera saberlo todo…"

Vivir con esa mentalidad es una tragedia. Sesenta y cinco años después, he adquirido fuerza y he buscado mi libertad, porque merezco ser libre. Los malhechores puede que no, pero yo sí. Es una trampa mental en la que suele caer el ser humano. De esta manera, usted se implica cada vez más y queda atrapado bajo el control de quienes le hacen daño. Después, voluntariamente, sigue siendo la víctima.

¿Pensaba su hermana de la misma manera?

No. Ella murió antes de que yo pensara en la idea del perdón.

¿Cómo pensó en esa idea?

Me intrigaba saber por qué el Dr. Munch quería encontrarse conmigo.[3] Me asombré por el respeto que él me mostró. Le pregunté acerca de las cámaras de gas, y me explicó cómo habían funcionado. Estaba hablando con un nazi que reconocía la existencia de las cámaras de gas; de modo que le pedí que regresara a Auschwitz conmigo y firmara un documento que admitiera la existencia de las cámaras de gas. No lo estaba diciendo un superviviente, no lo estaba diciendo un libertador. Lo estaba diciendo un nazi.

Por lo tanto, quería agradecerle por lo que había hecho. ¿Alguien sabe cómo dar las gracias a un nazi? Mi lección número uno es no rendirme nunca. Y durante diez meses me pregunté: "¿Cómo hago para darle las gracias a un médico nazi?"

Lo que descubrí de mí fue asombroso. Descubrí que una persona insignificante como yo tenía el poder del perdón. Yo tenía el poder del perdón. Nadie podía darme ese poder. Nadie podía quitármelo.

Entonces, escribí una carta de perdón, y supe que al Dr. Munch le gustaría.

¿Qué piensa que hubiera pasado si no se hubiera encontrado con el Dr. Munch?

Esa es la pregunta del millón. No sé qué hubiera pasado.

¿Cuál es el paso que sigue al perdón?

El mundo está lleno de personas llenas de dolor. Real o imaginario, no importa. Si les enseñamos a nuestros hijos a perdonar, podríamos formar un mundo mucho, mucho más feliz.

¿Qué es lo que más se malinterpreta con respecto al perdón?

Con respecto al perdón se cree que el malhechor tiene que estar arrepentido. El error de interpretación más común es que [el perdón] va destinado a quienes hacen el daño. Sin embargo, es estrictamente un regalo de libertad que usted se hace. ¡Es gratuito! Usted no necesita un plan de seguro médico. No hay efectos colaterales, y da resultado. Es como una droga milagrosa.

En vez de cambiar el mundo, que es una tarea demasiado ardua, tenemos que repararlo lugar tras lugar. . .

———————

Jayne perdonó a los secuestradores de su esposo.

Russie perdonó a su tío.

Cathy perdonó a su ex esposo.

Rich perdonó a su jefe.

Sharon perdonó a su madre.

Eva perdonó al Dr. Mengele y al Dr. Munch.

Estas son señales de esperanza para todos nosotros. Que Dios lo bendiga en su camino a la salud, la felicidad y la paz con Dios. Y si necesita un milagro para poder perdonar a alguien, confíe en mí: éstos suceden cada día, tanto si cree en ellos como si no.

NOTAS

Introducción: El cáncer y el odio

1. Thoresen, Carl E., Alex H. S. Harris, y Frederic Luskin, "Forgiveness and Health: An Unanswered Question" ["El perdón y la salud: Una pregunta sin respuesta"], en *Forgiveness: Theory, Research, and Practice*, ed. Michael McCullough, Kenneth I. Pargament y Carl E. Thoresen (Nueva York: Guilford, 2000), p. 269.
2. Wade, Nathaniel G. y Everett L. Worthington Jr., "In Search of a Common Core: A content Analysis of Interventions to Promote Forgiveness" ["En la búsqueda de un curriculum común: Análisis de contenido en intervenciones para promover el perdón"], *Psychotherapy: Theory, Research, Practice, Training* 42, nº 2 (2005): pp. 160-177.
3. ThinkExist Quotations [Citas], http://thinkexist.com/best_friend_quotes/ (accedido el 15 de mayo de 2010).
4. Stanger, Richard L., "Václav Havel: Heir to a Spiritual Legacy" ["Václav Havel: Herederos de un legado spiritual"], *Christian Century*, 11 de abril de 1990, pp. 368-370, http://www.religion-online.org/showarticle.asp?title=767.
5. Prescott, David, "The Christian Church: Engaging the Future"

["La Iglesia cristiana: Compromiso con el futuro"], 2001, http://www.religion-online.org/showarticle.asp?title=2295.

Capítulo 1: Enfríe su fuego interior

1. Instituto Nacional del Cáncer, "Executive Summary of Inflammation and Cancer Think Tank" ["Compendio ejecutivo sobre la inflamación y el cáncer de parte de un grupo de expertos"], http://dcb.nci.nih.gov/thinktank/Executive_Summary_of_Inflammation_and_Cancer_Think_Thank.cfm (accedido el 12 de marzo de 2010).

2. Servan-Schreiber, David, *Anticancer: A New Way of Life* [Anticáncer: Una nueva forma de vida], (Nueva York: Viking, 2008), p. 40.

3. Kimiecik, Jay, citado por Eric Harr, "Súper motivación de parte de atletas súper estrellas", blog, 15 de febrero de 2008, http://ericharr.wordpress.com/2008/02/ (accedido el 29 de setiembre de 2010); publicado en *Shape*, octubre de 2003.

4. Para mayor información sobre los recursos de Bernie Siegel, referirse a www.ecap.online.org.

5. 1 Corintios 9:24.

6. Elliott, Barbara A., "Forgiveness Therapy: A Clinical Intervention for Chronic Disease" ["La terapia del perdón: Una intervención clínica para las enfermedades crónicas"], *Journal of Religion and Health*, 24 de febrero de 2010. Varias citas se referirán a esta publicación en línea, sin número de página. El artículo puede solicitarse en línea a través de Springer Science+Business Media, LLC en www.SpringerLink.com.

7. 1 Corintios 15:44.

8. Santiago 4:13-15, cursivas añadidas.

9. Véase Mateo 5:43-45.

10. Zacarías 4:6.

11. Correo electrónico dirigido al autor, 28 de abril de 2010.

12. Bishop, Joshua D., comunicación personal, febrero de 2010.

13. Ahadi, Batool y Saeed Ariapooran, "Role of Self and Other Forgiveness in Predicting Depression and Suicide Ideation of

Divorcees" ["El rol de perdonarse a uno mismo y a otros en la predicción de la depresión y la idea del suicidio de los que se divorcian"], *Journal of Applied Sciences* 9, n° 19 (2009): 3598-3601, http://scialert.net/abstract/?doi=jas.2009.3598.3601.

14. Elliott, "Forgiveness Therapy" [Terapia del perdón].
15. 1 Samuel 17:43.
16. Léase la historia completa en 1 Samuel 17.
17. Mateo 7:14.

Capítulo 2: Jayne

1. Jayne tiene razón en su descripción general de nuestro diálogo. Dado los breves períodos de tiempo que tengo para reunirme con los pacientes (a menudo solo uno o dos días), con frecuencia tengo que comprimir las conversaciones en sesiones muy breves, y ocasionalmente puedo causar la impresión de no ser tan compasivo como lo que soy en realidad. Las palabras son importantes, y escojo intencionalmente cada una de ellas a fin de diagnosticar las preocupaciones y ser eficaz en tratarlas y, con demasiada frecuencia, he de hacerlo de forma rápida.

Capítulo 7: La biología del estrés

1. Koenig, Harold, de su prólogo en el libro de Michael S. Barry, *A Reason for Hope: Gaining Strength for Your Fight against Cancer* [Un motivo de esperanza: Cómo obtener fortaleza en su lucha contra el cáncer], (Colorado Springs: Cook Communications, 2004), p. 13.
2. Servan-Schreiber, David, *Anticancer: A New Way of Life* [Anti-cáncer: Una nueva forma de vida], (Nueva York: Viking, 2008), p. 141.
3. Willis, R. Elliot, *Finding Grace on a Less Traveled Road* [Cómo encontrar gracia en la senda menos transitada], (Nueva York: IUniverse, 2008), pp. 174, 176.
4. Servan-Schreiber, *Anticancer* [Anti-cáncer], (2008), p. 146.
5. Servan-Schreiber, David, *Anticancer: A New Way of Life*

[Anti-cáncer: Una nueva forma de vida] (Nueva York: Viking, 2009), p. 175.

6. Elliot, Barbara A., "Forgiveness Therapy: A Clinical Intervention for Chronic Disease" ["La terapia del perdón: Una intervención clínica para las enfermedades crónicas"], *Journal of Religion and Health*, 24 de febrero de 2010. Véase nota 6 del capítulo 1.

7. Elias, Marilyn, "Psychologists Now Know What Makes People Happy" ["Los psicólogos ahora saben qué hace feliz a la gente"], *USA Today* (9 de diciembre de 2002), http://www.usatoday.com/news/health/2002-12-08-happy-main_x.htm (accedido el 16 de mayo de 2010).

8. Azar, Beth, "Father of PNI Reflects on the Field's Growth" ["Reflexiones del padre de la psiconeuroinmunología sobre el crecimiento del campo"], *APA Monitor Online*, 6 de junio de 1999, http://www.apa.org.

9. *Ibíd.*

10. Sapolsky, Robert M., "The Physiology and Pathophysiology of Unhappiness" ["La fisiología y la patofisiología de la infelicidad"], en *Handbook of Forgiveness*, ed. Everett L. Worthington Jr. (Nueva York: Routledge, 2005), p. 278.

11. Salmos 139:13-14.

12. Scaer, Robert, *The Trauma Spectrum: Hidden Wounds and Human Resiliency* [El espectro del trauma: Las heridas ocultas y la resiliencia humana], (Nueva York: Norton, 2005), p. 211.

13. *Ibíd.*, p. 252.

14. Witvliet, Charlotte vanOyen, "Unforgiveness, Forgiveness, and Justice: Scientific Findings on Feelings and Physiology" ["La falta de perdón, el perdón y la justicia: Descubrimientos científicos sobre los sentimientos y la fisiología"], en *Handbook of Forgiveness*, ed. Worthington, p. 312.

15. Shlackman, Jed, "Research Links Cancer with Repressed, Unresolved Feelings and Emotions" ["Las investigaciones relacionan el cáncer con sentimientos y emociones reprimidas sin tratar"], blog, 7 de octubre de 2009, http://www.altmd.

com/Specialists/Counseling-Hypnosis-Reiki-Holistic-Healing/Blog (accedido el 12 de mayo de 2010).

16. Benson-Henry, Instituto para la medicina de la mente y el cuerpo, http://www.mgh.harvard.edu/bhi/about/ (accedido el 16 de mayo de 2010).

Capítulo 8: El cáncer y el trauma emocional

1. Scaer, Robert, *The Trauma Spectrum: Hidden Wounds and Human Resiliency* [El espectro del trauma: Las heridas ocultas y la resiliencia humana], (Nueva York: Norton, 2005), pp. 246-247.

2. Las credenciales del Dr. Braun en el campo de la inmunología son confiables. El Dr. Braun recibió su doctorado en microbiología/inmunología en la Universidad de Illinois, y tiene más de treinta años de experiencia en la investigación básica de la inmunología, microbiología y biología celular, así como veinticinco años de experiencia en la investigación clínica de los ámbitos de la oncología, las enfermedades inflamatorias y la inmunoterapia del cáncer. Es el ex director científico del Instituto del Cáncer de la Universidad Médica Rush en Chicago y ex director administrativo del Instituto del Cáncer de la Universidad Médica de Ohio, donde mantiene su designación académica como profesor voluntario de cirugía en la vía científica básica. El Dr. Braun es autor de más de noventa artículos que han pasado por el proceso de revisión por pares, veintitrés estudios y libros capitulares, y ha coeditado un libro de texto dedicado al uso de los inhibidores de la prostaglandina en la inmunoterapia del cáncer.

3. Braun, Donald P., video de entrevista, Centro para el Tratamiento del Cáncer en Estados Unidos, Filadelfia, 9 de setiembre de 2010.

4. *Ibíd.*

5. Elliot, Barbara A., "Forgiveness Therapy: A Clinical Intervention for Chronic Disease" ["La terapia del perdón: Una intervención clínica para las enfermedades crónicas"], *Journal of*

Religion and Health, 24 de febrero de 2010. Véase nota 6 del capítulo 1.

6. Véase Mateo 18.
7. Elliot, "Forgiveness Therapy" ["La terapia del perdón"].
8. Sura 42.
9. 1 Juan 4:20.
10. Petrie, Keith J., Roger J. Booth y James W. Pennebaker, "The Immunulogical Effects of Thought Suppression" ["Los efectos inmunológicos de la supresión del pensamiento"], *Journal of Personality and Social Psychology* 75, n° 5 (1998): p. 1264.
11. Harris, Alex H. S. y Carl E. Thoresen, "Forgiveness, Unforgiveness, Health and Disease" ["El perdón, la falta de perdón, la salud y la enfermedad"], *Handbook of Forgiveness*, ed. Everett L. Worthington Jr. (Nueva York: Routledge, 2005), p. 323.
12. Scaer, *The Trauma Spectrum* [El espectro del trauma], p. 209.
13. Puchalsky, Christina M., "Forgiveness: Spiritual and Medical Implications" ["El perdón: Las implicaciones espirituales y médicas"], *The Yale Journal for Humanities in Medicine*, 2002, http://yjhm.yale.edu/archives/spirit2003/forgiveness/cpuchalski.htm (accedido el 16 de mayo de 2010).
14. *Ibíd.*
15. Temoshok, Lydia R. y Rebecca L. Wald. "Forgiveness and Health in Persons with HIV/AIDS" ["El perdón y la salud en personas con VIH/SIDA"] en *Handbook of Forgiveness*, ed. Worthington, p. 341 (cursivas añadidas).
16. *Ibíd.*, p. 344 (cursivas añadidas).
17. *Ibíd.*, p. 325 (cursivas añadidas).
18. Locke, S. E, sinopsis de "Emotional Disclosure through Writing or Speaking Modulates Latent Epstein-Barr Virus Antibody Titers" ["La revelación emocional al escribir o hablar modula las cantidades de anticuerpos del virus latente de Epstein-Barr"], (B. A. Esterling, et. al.)," *Journal of Consulting and Clinical Psychology* 62, n° 1 (1994): pp. 130-140.
19. Witvliet, Charlotte van Oyen, "Unforgiveness, Forgiveness, and Justice: Scientific Findings on Feelings and Physiology"

["La falta de perdón, el perdón y la justicia: Descubrimientos científicos sobre los sentimientos y la fisiología"], en *Handbook of Forgiveness*, ed. Worthington, p. 315.

20. Lo que los médicos no dicen, "The Psychology of Cancer," ["La psicología del cáncer"], http://www.wddty.com/the-psychology-of-cancer.html (accedido el 12 de mayo de 2010).

21. Friedman, Edwin H., *Friedman's Fables* [Las fábulas de Friedman], (Nueva York: Gilford, 1990), apéndice de preguntas para debatir, p. 13.

Capítulo 9: La búsqueda de la motivación

1. Isaías 55:8-9.

2. ChangingMinds.org, Motivational Theories ["Teorías motivacionales"], http://changingminds.org/explanations/theories/a_motivation.htm (accedido el 16 de mayo de 2010).

3. Romanos 7:18-19.

4. Página de citas, http://www.quotationspage.com/quote/3157.html (accedido el 16 de mayo de 2010).

5. Marcos 11:25.

6. Mateo 6:14-15.

7. Lewis, C. S., "On Forgiveness" ["Acerca del perdón"], en *The Weight of Glory: And Other Addresses* [El peso de la gloria y otros discursos], (Nueva York: HarperCollins, 2001), p. 182.

8. Romanos 12:14.

9. *The Mahabharata* [Epopeya religiosa, filosófica y mitológica de la India], Vana Parva, sección XXVII, traducido por Sri Kisari Mohan Ganguli; http:www.hinduism.co.za/forgiven.htm.

10. Gálatas 5:19-21.

11. Ferrucci, Piero, *The Power of Kindness: The Unexpected Benefits of Leading a Compassionate Life* [El poder de la bondad: Los beneficios inesperados de tener una vida compasiva], (Nueva York: Tarcher/Penguin, 2006) p. 40 (cursivas en original).

12. Prince-Paul, Maryjo y Julie J. Exline, "Personal Relationship and Communication Messages at the End of Life" ["Las

relaciones personales y la comunicación en la etapa final de la vida"], *Nursing Clinics of North America* 45, n° 3 (septiembre de 2010): pp. 449-463.

13. Mateo 28:20.

Capítulo 10: Eliminar los obstaculos para el perdón

1. *The Mahabharata*, Udyoga Parva, sección XXXIII, traducido por Sri Kisari Mohan Ganguli; http://www.hinduism.co.za/forgiven.htm.

2. Patton, John, "Forgiveness in Pastoral Care and Counseling," ["El perdón en el cuidado pastoral y la consejería"] en *Forgiveness: Theory, Research, and Practice,* eds., Michael E. McCullough, Kenneth I. Pargament y Carl E. Thoresen (Nueva York: Guilford, 2000), p. 283.

3. Exline, J. J., R. F. Baumeister, A. L. Zell, A. J. Kraft y C. V. Witvliet, "Not So Innocent: Does Seeing One's Own Capacity for Wrongdoing Predict Forgiveness?" ["No tan inocente: ¿Podemos predecir el perdón mediante la capacidad de ver nuestras propias malas acciones?"], *Journal of Personal Social Psychology* 94, n° 3, (marzo 2008): pp. 495-515.

4. Santiago 4:17.

5. Discurso de Robert F. Kennedy, "On the Mindless Menace of Violence" ["La irreflexiva amenaza de la violencia"], en el City Club de Cleveland, Ohio, el 5 de abril de 1968. Para obtener el texto complete, véase http://rfkmemorial.mediathree.net/lifevision/onthemindlessmenaceofviolence.

6. Malinsky, Eli, "A Culture of Forgiveness" ["Una cultura de perdón"], blog del Centro de innovación social del 20 de octubre de 2009, http://socialinnovation.ca/blog/culture-of-forgiveness.

7. Griswold, Charles L., *Forgiveness: A Philosophical Exploration* [El perdón: Un análisis filosófico], (Cambridge, MA: Cambridge University, 2007), xi.

8. Citas de *Dream This Day,* http://www.dreamthisday.com/forgiveness-quotes/ (accedido el 16 de mayo de 2010).

9. Gilbert, Daniel, *Stumbling on Happiness* [*Tropezarse con la*

felicidad], (Nueva York: Vintage Books, 2006), pp. 198-199 (cursivas en el original), publicado en español por Destino.
10. Mateo 18:22.

Capítulo 11: ¡La liberación!

1. Merriam-Webster Online, *myth*,http://www.merriam-webster.com/dictionary/myth.
2. The Free Dictionary Online, *reconcile*, http://www.thefreedictionary.com/reconcile.
3. Mateo 5:23-24.
4. Mateo 23:23 (NVI).
5. Romanos 12:19 (NVI).
6. Romanos 13:1-2.
7. Amós 5:24.
8. Véase Mateo 18:21-35.
9. Elliot, Barbara A., "Forgiveness Therapy: A Clinical Intervention for Chronic Disease" ["La terapia del perdón: Una intervención clínica para las enfermedades crónicas"], *Journal of Religion and Health*, 24 de febrero de 2010. Véase nota 6 del capítulo 1.
10. Seu, Andrée, "The Thing We Don't Do" ["Lo que no hacemos"], *World*, 30 de septiembre de 2006, http://www.worldmag.com/articles/12263.
11. Barreca, Regina, "Snow White Doesn't Live Here Anymore: Sweet Revenge," ["Blanca Nieves ya no vive aquí: La dulce venganza"], *Psychology Today*, 1 de enero de 2010, http://www.webmed.com/balance/features/sweet-revenge.
12. Roach, John, "Brain Study Shows Why Revenge Is Sweet" ["Estudios sobre el cerebro muestran por qué la venganza es dulce"], National Geographic News, http:news.nationalgeographic.com/news/2004/08/0827_040827_punishment.html; y Brian Knutson, "Sweet Revenge?" *Science* 305, n° 5688 (27 de agosto de 2004): 1246-1247, http://www.sciencemag.org.
13. Calvin, John, *John* [Juan], eds. Alister McGrath y J. I. Packer (Wheaton, IL: Crossway Books, 1994), p. 306.
14. Mateo 5:44 (NVI).

15. Harris Misty, Virtue Online, "Prayer Boosts Forgive-ness: Study" ["La oración estimula el perdón: Estudio"], http://www.virtueonline.org/portal/modules/news/article.php?storyid=12487.
16. Scaer, Robert, *The Trauma Spectrum: Hidden Wounds and Human* Resiliency [El espectro del trauma: Las heridas ocultas y la resiliencia humana], (Nueva York: Norton, 2005), p. 255.
17. *Ibíd.*, p. 68.
18. *Ibíd.*, p. 63.
19. Schaeffer, Amanda, "Not a Game: Simulation to Lessen War Trauma" ["No es un juego: La simulación alivia el trauma de la guerra"], *New York Times*, 28 de agosto de 2007, http://www.nytimes.com/2007/08/28/health/28game.html?_r=1.
20. Dao, James, "Simulators Prepare Soldiers for Explosions of War" ["Simuladores preparan soldados para explosiones de guerra"], *New York Times*, 22 de enero de 2010, http://www.nytimes.com/2010/01/23/us/23simulator.html.
21. Petrie, Keith J., Roger J. Booth y James W. Pennebaker, "The Immunological Effects of Thought Suppression" ["Los efectos inmunológicos de la suppression del pensamiento"], *Journal of Personality and Social Psychology* 75, N° 5 (1998): p. 1264.
22. Richards, Jane M., Wanda E. Beal, Janel D. Seagal y James W. Pennebaker, "Effects of Disclosure of Traumatic Events on Illness Behavior Among Psychiatric Prison Inmates" ["Los efectos de la confesión de sucesos traumáticos sobre el mal comportamiento entre los reclusos en prisiones psiquiátricas"], *Journal of Abnormal Psychology* 109, n° 1 (2000): p. 156.
23. Pennebaker, James W. y Cindy K. Chung, "Expressive Writing y Its Links to Mental and Physical Health" ["La escritura expresiva y su relación con la salud mental y física"], *Oxford Handbook of Health Psychology*, ed. H. S. Friedman (Nueva York: Oxford University Press, en prensa); http://homepage.psy.utexas.edu/HomePage/Faculty/Pennebaker/Reprints/Pennebaker&Chung_FriedmanChapter.pdf (accedido el 16 de mayo de 2010).

24. http://en.wikipedia.org/wiki/Huaorani.

25. McCullough, Michael, *Beyond Revenge* [Más allá de la venganza], (San Francisco: Jossey-Bass, 2008), p. 212.

26. Gálatas 5:20.

Capítulo 12: ¿Perdonarse o aceptarse a uno mismo?

1. Jacobs, Alan, *Original Sin: A Cultural History* [El pecado original: Una historia cultural], (Nueva York: HarperOne, 2008), p. 26.

2. Wheeler, Justin, blog "Paradoxes —A Puritan Prayer," ["Paradojas: Una oración puritana"], http://justinwheeler.wordpress.com/2010/02/11/paradoxes-a-puritan-prayer/ (accedido el 16 de mayo de 2010).

3. La Sociedad Estadounidense de Chesterton, http://chesterton.org/qmeister2/wrongtoday.htm.

4. Lucas 18:9-14.

5. ThinkExist Quotations [Citas], http://thinkexist.com/quotation/when-you-make-a-mistake-don-t-look-back-at-it/1022852.html.

6. Friedman, Lois, C., Catherine Romero, Richard Elledge, et al., "Attribution of Blame, Self-forgiving Attitude, and Psychological Adjustment in Women with Breast Cancer" ["La atribución de la culpa, la actitud de perdonarse a sí misma y la adaptación psicológica en las mujeres con cáncer de mama"], *Journal of Behavioral Medicine* 30, nº 4 (Agosto de 2007): pp. 351-357.

7. Friedman, Lois C., Catherine R. Barber, Jenny Chang, et. al., "Self-blame, Self-forgiveness, and Spirituality in Breast Cancer Survivors in a Public Sector Setting" ["La propia atribución de la culpa, el perdón a sí misma y la espiritualidad en las sobrevivientes de cáncer de mama en el marco público"], *Journal of Cancer Education* 25, nº 3 (septiembre de 2010).

8. Gerber, L. A., "Transformations in Self-understanding in Surgeons Whose Treatment Efforts Were Not Successful" ["Las transformaciones de la comprensión de uno mismo en

los cirujanos cuyos esfuerzos en el tratamiento no tuvieron éxito"], *American Journal of Psychotherapy* 44, n° 1 (enero 1990): pp. 75-84.

9. Gonyea, J. G., R. Paris y L. de Saxe Zerden, "Adult Daughters and Aging Mothers: The Role of Guilt in the Experience of Caregiver Burden" ["Hijas adultas y madres ancianas: El rol de la culpa en la experiencia de la carga de cuidar a un enfermo"], *Aging Mental Health* 12, n° 5 (septiembre de 2008), pp. 559-567.

10. Vitz, Paul C. y Jennifer M. Meade, "Self-forgiveness in Psychology and Psychotherapy: A Critique" ["El perdón a uno mismo en la psicología y la psicoterapia: Un análisis crítico"], *Journal of Religion and Health*, publicado en línea el 31 de marzo de 2010.

11. *Ibíd.*

12. Blue Letter Bible Lexicon, http://www.blueletterbible.org/lang/lexicon/lexicon.cfm?Strongs=G5461&t=KJV.

13. Salmos 18:28.

14. Hebreos 6:4-6.

15. Proverbios 2:6.

16. 2 Samuel 11—12.

17. Lucas 23:34.

18. Éxodo 20:5.

19. Vitz y Meade, "Self-forgiveness in Psychology" ["El perdón a uno mismo en la psicología"].

20. *Ibíd.*

21. McCullough, Michael E., Kenneth I. Pargament y Carl E. Thoresen, *Forgiveness: Theory, Research and Practice* [El perdón: teoría, estudio y práctica] (Nueva York: Guilford, 2000), pp. 164-165.

22. Hechos 8:1.

23. Vitz y Meade, "Self-forgiveness in Psychology" ["El perdón a uno mismo en la psicología"].

24. 1 Samuel 13:14.

25. Shaw, Mark, *Beneath the Mask of Holiness* [Debajo de la

máscara de la santidad], (Nueva York: Palgrave MacMillan, 2009), p. 177.

26. Cursivas añadidas.
27. Sproul, R. C., "Is the Church Full of Hypocrites?" ["¿Está la Iglesia llena de hipócritas?"], *TableTalk Magazine*, octubre 2009, http://www.ligonier.org/learn/articles/church-full-hypocrites/ (accedido el 12 de mayo de 2010).
28. Prólogo de Gordon W. Allport en el libro de Viktor E. Frankl, *Man's Search for Meaning* [*El hombre en busca de sentido*], (Boston: Beacon, 1992), p. 7. Publicado en español por Herder.
29. Frankl, *Man's Search for Meaning*, [*El hombre en busca de sentido*], p. 10.
30. 2 Corintios 5:10.
31. Hechos 26:20.
32. Juan 8:32.
33. 1 Juan 1:9.
34. Mateo 18:35.
35. Miqueas 6:8.
36. 2 Corintios 12:7b-10.

Conclusión: Procure calmarse rápidamente
1. Salmos 41:9.

Epílogo: La historia de Eva
1. La historia de Eva ha sido reeditada de la versión de Margo O'Hara, "Surviving the Angel of Death" ["Cómo sobreviví al «ángel de la muerte»"], Gapers Block, 27 de febrero de 2010, http://gapersblock.com/ac/2010/02/27 surviving-the-angel-of-death/. Reeditado con permiso de la autora y Gapers Block.
2. Algunos calculan que el número de personas asesinadas en Auschwitz durante la Segunda Guerra Mundial sobrepasó el millón de muertos. Es posible que aquí O'Hara haya querido decir setecientas mil.
3. El Dr. Munch fue un médico de los Escuadrones de Protección de los Nazis en Auschwitz. Él fue la única persona absuelta

en el juicio de Auschwitz y, supuestamente, el responsable de
salvar las vidas de muchos judíos.

Assistance in Healthcare

Assistance in Healthcare, Inc. (AIH) es una organización sin fines de lucro, que se dedica a ayudar a pacientes de cáncer que están recibiendo tratamiento en el área local de Filadelfia y a sus familias, al aliviarles la carga económica que el cáncer les provoca. Dado que los gastos médicos pueden hacer que el camino hacia la recuperación sea mucho más difícil, la fundación intenta facilitarles las cosas y brindar asistencia a aquellos que están atribulados económicamente en medio de su valiente lucha. Hacemos esto mediante subsidios para ayudar a subsanar los costes de necesidades no médicas tales como servicios, alojamiento, transporte y gastos de mantenimiento básicos a pacientes que reúnen los requisitos necesarios o a los miembros de su familia cercana, de modo que los pacientes puedan concentrarse en lo más importante: su sanidad.

Michael S. Barry (Doctorado en Ministerio del Seminario Teológico Fuller; Maestría del Seminario Teológico de Princeton) es Director de Cuidado Pastoral en el Centro para el Tratamiento del Cáncer de Estados Unidos en Filadelfia, donde se especializa en la relación entre la espiritualidad y la salud. Ha servido en el ministerio por más de veinte años, y ha aparecido en numerosos programas de radio y televisión del país. Es el autor de *Venza al cáncer con la fuerza de la esperanza.*

EDITORIAL
PORTAVOZ

NUESTRA VISIÓN

Maximizar el efecto de recursos cristianos de calidad que transforman vidas.

NUESTRA MISIÓN

Desarrollar y distribuir productos de calidad —con integridad y excelencia—, desde una perspectiva bíblica y confiable, que animen a las personas a conocer y servir a Jesucristo.

NUESTROS VALORES

Nuestros valores se encuentran fundamentados en la Biblia, fuente de toda verdad para hoy y para siempre. Nosotros ponemos en práctica estas verdades bíblicas como fundamento para las decisiones, normas y productos de nuestra compañía.

Valoramos la excelencia y la calidad
Valoramos la integridad y la confianza
Valoramos el mérito y la dignidad de los individuos
 y las relaciones
Valoramos el servicio
Valoramos la administración de los recursos

Para más información acerca de nuestra editorial y los productos que publicamos visite nuestra página en la red: www.portavoz.com